LA BELLE ÉCAILLÈRE,

DRAME-VAUDEVILLE EN TROIS ACTES,

PAR M. GABRIEL; (Jules-Joseph)

Représenté pour la première fois, à Paris, sur le théâtre de la Gaîté, le 27 septembre 1836.

DISTRIBUTION DE LA PIÈCE :

ROBERT, pompier	M. LHÉRIE.
ARTHUR DE GALBY	M. EUGÈNE.
LORD GALBY, oncle d'Arthur	M. PRADIER.
ALFRED DE LOWENDAL, ami d'Arthur	M. PÉCHENA.
SAVIN, pompier, camarade de Robert	M. ARMANT.
FRANÇOIS, garçon marchand de vin	M. RAYMOND.
WILLIAMS, valet de chambre de lord Galby	M. FONBONNE.
DENISE, écaillère	Mlle NONGARET.
Mme RABILLOT, sa tante	Mme CHEZA.
JULIE, marchande d'oranges	Mlle PAULINE.

UN POMPIER.
UN GARÇON DE RESTAURANT.
UN COMMISSIONNAIRE.
DEUX POMPIERS.
VALETS de lord Galby.
INVITÉS des deux sexes.
VOISINS et VOISINES.

La scène se passe à Paris.

ACTE PREMIER.

Une place publique. A droite, un restaurant. A gauche, un marchand de vin. Devant le restaurant, l'établissement d'une écaillère avec des cloyères en étalage. Un cabas tressé en paille, suspendu au-dessus d'une grande chaise.

SCÈNE I.

Mme RABILLOT, FRANÇOIS.

FRANÇOIS, sortant de sa boutique.
C'est bon, c'est bon, vous v'là servis, qu'est-ce que vous avez à dire ?... Si on les écoutait, il faudrait leur donner du Bordeaux-Lafite à douze sous le litre.

MADAME RABILLOT.
A qui en as-tu donc, François ?

FRANÇOIS.
A deux pratiques qui ne sont jamais contentes !... Dites donc, madame Rabillot, où qu'est donc notre belle écaillère à c' matin ?

MADAME RABILLOT.
Damé !... elle se repose un peu, et c'est bien juste...

FRANÇOIS, avec intérêt.
Est-ce qu'elle serait malade, tante Rabillot ?

MADAME RABILLOT.
Malade !... oh bien oui... elle s' porte comme le Pont-au-Change... C'est du solide, je m'en vante, quoique ça ne soit que ma nièce... mais quand on travaille tout le jour, et que la nuit on se repose en dansant... comme on n'est pas de fer... tu comprends, Fanfan !...

FRANÇOIS.
Oui, je comprends... Mademoiselle Denise aime trop le plaisir, tante Rabillot.

MADAME RABILLOT.

D'abord, le plaisir... c'est de son âge... Ma nièce plaît généralement à tout le monde; on la recherche, j'en suis toute fière... Elle a la vogue, quoi... comme Fanchon la Vielleuse, qui a fait fortune avant la révolution... Si Denise voulait, il lui en arriverait autant... car plus d'un grand seigneur la trouve de son goût.

FRANÇOIS.

Je crois bien !... elle serait du goût de tout le monde; et moi, qui vous parle, si j'avais un magot à lui offrir, je lui dirais : Voulez-vous de moi ?

MADAME RABILLOT.

Dame ! mon garçon... il serait un peu tard pour te présenter... Si tu veux aller à la mairie, tu liras, derrière le petit grillage : Il y a promesse de mariage entre Robert, dit le Déluge, pompier... et Denise Rabillot, dite la belle Écaillère.

FRANÇOIS.

Qu'est-ce que vous me dites là ?... ça serait vrai, tante Rabillot !... mademoiselle Denise va se marier ?... (A part.) Et moi qui lui ai fait ma déclaration hier soir... pourvu que ma lettre ne tombe pas entre les mains du pompier...

MADAME RABILLOT.

Oui, mon garçon... Robert, dit le Déluge... à cause de son ardeur à la pompe... et dit le joli Pompier... à cause de son physique... épouse ma nièce... La belle couple que ça va faire !...

Air : *Adieu, je vous fuis, bois charmants.*

On cherch'rait long-temps aujourd'hui
Pour trouver mieux que ma Denise,
Et l' civil n'a rien comme lui;
En le r'gardant on s'humanise.
Il est mieux qu' tous nos jeun's troupiers,
Elle a les plus gentill's manières;
Bref, c'est l'Adonis des pompiers,
Et la Vénus des écaillères !

FRANÇOIS.

Oui, mais prenez-y garde, tante Rabillot... le joli pompier sera volage comme tous les beaux hommes... Avec moi, votre nièce n'aurait pas à craindre ce malheur-là !...

MADAME RABILLOT.

Denise fixera son mari par un physique correspondant.

FRANÇOIS.

C'est possible... Mais Robert est querelleur et bien emporté...

MADAME RABILLOT.

Il est maître en fait d'armes... Gare à qui s'y frotte !... J' l'aime-t-y quand il donne des leçons à ma nièce !... Tiens, le v'là qui arrive par ici.

FRANÇOIS.

C'est vrai que c'est lui, et je m'en sauve. (Répondant comme si on l'appelait.) Voilà ! voilà !... — Vous voyez, tante Rabillot, on n'a pas un instant à soi... Ah ! qu'il est dur d'être garçon de cave, quand une femme vous monte la tête !... (A part.) C'est drôle, je ne puis plus sentir un pompier... Voilà ! voilà !...

(Il entre dans le cabaret.)

SCÈNE II.

Mme RABILLOT, seule.

Cachons bien à Robert que Denise est allée cette nuit au bal... Elle n'y a fait aucun mal, cette pauvre enfant, elle était avec sa cousine et son cousin... Mais Robert est si jaloux !...

SCÈNE III.

Mme RABILLOT; SAVIN, en costume de pompier, petit uniforme.

SAVIN.

Bonjour, la tante Rabillot.

MADAME RABILLOT.

Tiens ! c'est vous, monsieur Savin ?... je croyais voir venir Robert...

SAVIN.

Et vous ne vous trompiez pas, le v'là qui vient; il s'est arrêté un moment à deux pas d'ici; il a rencontré un ami.

MADAME RABILLOT.

J'étais étonnée de ne l'avoir pas encore aperçu à ce matin.

SAVIN.

Chut !... il sort de la salle de police.

MADAME RABILLOT.

Encore !... c'est bien gentil !

SAVIN, remontant la scène.

Arrive donc, farceur !...

SCÈNE IV.

Mme RABILLOT, SAVIN; ROBERT, aussi en petit uniforme; il porte ses fleurets à la main.

ROBERT

Air : *Tyrolienne de Guillaume Tell.*

Voici venir l'enfant ailé,
Eh ! eh ! eh ! eh !
Le sergent a tourné la clé,
Et Cupidon s'est envolé.
Mamans, gardez vos fillettes
Et vous, maris de ces quartiers,
Enfermez bien vos poulettes,
Voici le coq des pompiers !
Il était cet amour,
En cage à double tour...
Mais... voici venir l'enfant ailé,
Eh ! eh ! eh ! eh !
Le sergent a tourné la clé,
Et Cupidon s'est envolé.

MADAME RABILLOT.

Est-il joli garçon, ce monstre-là !

ROBERT.

Toujours, tante Rabillot... Où donc est ma charmante Denise ?

ACTE I, SCÈNE IV.

MADAME RABILLOT.

Elle est allée à Cancale, rue Mandar, chercher ses huîtres; je garde sa place en attendant.

ROBERT.

Suis-je maladroit d'aller me faire mettre à la salle de police, quand j'avais promis à Denise de la mener au bal de l'Élysée!... Pauvre Denise!... a-t-elle dû être vexée!... Mais me v'là, et ce soir nous réparerons le temps perdu...

MADAME RABILLOT.

Vous sortez de la salle de police?

SAVIN.

Oui; on l'avait mis aux arrêts forcés... parce qu'il s'était cogné avec un camarade... et, ce matin, il y a rendez-vous sous l'arche Marion... pour se rafraîchir d'un coup de briquet... avec le battu, qui n'est pas encore content...

MADAME RABILLOT.

Comment, Robert... vous allez encore vous battre?... Ah! si ma nièce savait ça...

ROBERT.

C'est pour elle que je me suis disputé hier... On avait l'air de me mécaniser sur mon sentiment, et je n'ai pas pu y tenir... Elle doit savoir qu'un militaire est susceptible d'un coup de sabre à toutes les heures de la journée.

MADAME RABILLOT.

Robert... Robert... vous êtes trop vif... Ça finirait mal si je ne comptais pas sur Denise pour vous fixer.

ROBERT.

Denise, tante Rabillot... c'est ma seule passion... après l'honneur militaire... Je me ferais tuer pour elle!... Mais si elle me trompait!... Quant à moi, si je cours un peu avant le mariage, c'est pour rester de planton après dans mon intérieur conjugal.

MADAME RABILLOT.

Si on allait vous donner un mauvais coup à c'matin, Robert... ma nièce ne s'en consolerait pas.

ROBERT.

Je le crois... Votre nièce sait ce que je vaux... et moi, je sais rendre justice à ses qualités physiques et morales...

UN GARÇON, *sortant du restaurant.*

Allons, écaillère, allons, une douzaine d'huîtres.

MADAME RABILLOT.

Voilà, voilà!... Et Denise qui n'arrive pas!... Je m'en vas ouvrir pour elle.

(*Elle va à l'étalage de Denise.*)

ROBERT.

Elle se fait bien attendre aujourd'hui, mon adorée!...

SAVIN.

Comment! vrai, ton amour pour l'écaillère est toujours aussi fort?

ROBERT.

C'est comme une pompe aspirante; il me dessèche le cœur.

SAVIN, *souriant.*

Robert, on ne m'en fait pas accroire... j'ai dix ans de service...

ROBERT.

Je te dis, Savin, qu'elle ne peut plus se passer de me voir; mais, malheureusement, il y a d'autres femmes qui s'enflamment pour moi, et, en bon pompier, je dois mon secours à tout ce qui brûle...

AIR : *Au p'tit point du jour.*

Favori d' Cypris,
Voilà l'histoire de ma vie :
Faublas et Pâris,
Almaviva, Mars et Daphnis,
Lov'lace, Adonis,
Tous les dieux d' la mythologie,
Ont fait, sur ma foi,
Moins de malheureuses que moi.

D'un air égrillard,
A fille ou femm' jeune et jolie,
Quand j'lance un regard,
C'est vraiment un pétard
Qui part.
S'il atteint un cœur,
C'est un malheur;
Car l'incendie
Fait de ces
Progrès
Qu'un pompier n'arrête jamais.

Dans un rendez-vous
Je sais fair' tout's les pantomimes,
Tomber à genoux,
Pleurer et me montrer jaloux...
Je l'dis sans passion :
S'il fallait compter les victimes
De ma séduction,
J' n'en pourrais pas fair' l'addition.

Généreux et grand,
J' laiss' au troupier la cuisinière
Et la bonn' d'enfant...
Qui m'dégoût'rait du sentiment.
Dans chaque quartier,
C'est près d'un' belle boutiquière
Qu'un sapeur-pompier
Cherche à cueillir plus d'un laurier.

J'aime à fair' ma cour
Chez un' sensible épicière;
Là j'prends chaque jour
Un p'tit verr' de parfait-amour.
Si dans mon réseau
Je vous pince une boulangère,
Friand god'lureau,
Je n'mang' plus que du pain d' gruau.

Mes airs agaçants
Devaient captiver un' mercière;
Chez elle long-temps
J'trouvai bon de m'donner des gants
Quartier d' l'Opéra,
Chez un' belle limonadière
J'ai pris du gloria
Pendant trois mois... *et cætera.*

Mais j'rêve souvent
A des conquêtes moins vulgaires;
Cupidon me rend
De plus en plus entreprenant.
Puisqu'on voit sans r'grets
Des rois épouser des bergères,
Je crois que j'pourrais
Prendre un' grand' dam' dans mes
Filets!

Oui, j'en ai l'pouvoir,
Plus tard j'espère en fair' parade;
Plein d'un doux espoir,
J'essayai mes forc's l'autre soir...
Et j'ai vu l'moment
Où, sans respect pour son grade,
J'allumais vraiment
La femme de not' commandant!...

Favori d'Cypris,
Voilà l'histoire de ma vie:
Faublas et Pâris,
Almaviva, Mars et Daphnis,
Lov'lace, Adonis,
Tous les dieux d'la mythologie,
Ont fait, sur ma foi,
Moins de malheureuses que moi.

MADAME RABILLOT, revenant.

Les v'là ouvertes, ces huîtres.

ROBERT.

Bravo! la grosse maman... je vas pourtant avoir une tante tournée comme ça... ça rend joliment glorieux un neveu.

MADAME RABILLOT.

Est-il aimable cet homme-là!... je l'aurais idolâtré dans mon temps!

SAVIN.

Mais dis donc, Robert... voilà bientôt l'heure du rendez-vous des braves...

ROBERT.

J'entre un instant chez le père Fontaine, le marchand de vin, commander le déjeuner, pour nous restaurer après l'affaire. — Sur-tout, tante Rabillot, pas un mot à Denise sur un combat si puéril...

MADAME RABILLOT.

Tiens... est-ce que je voudrais la périr, cette fille!... ce n'est que ma nièce, je m'en vante... mais je l'aime tant!...

SAVIN.

Moi, je retourne un instant au quartier; je serai dans un quart d'heure sous l'arche Marion.

(Il sort.)

ROBERT.

Je compte sur toi... songe que les amis n'attendent pas... A tantôt, madame Rabillot..... adieu, la mère des Graces! au revoir, la tante des Amours!...

(Il entre chez le marchand de vin.)

SCÈNE V.

Mme RABILLOT, seule.

Ah! les hommes, les hommes... ça se monte-t-il la tête facilement!... pour la plus petite chose, les v'là qui se mettent en garde; heureusement que les trois quarts reviennent bien portants... Ah! enfin voilà Denise... je suis bien aise de pouvoir lui parler maternellement... quoiqu'elle ne soit que ma nièce, j'ai des droits sur elle et les ferai valoir au besoin...

(Denise entre suivie d'un commissionnaire qui porte plusieurs cloyères d'huîtres sur des crochets, et les dépose près du restaurant.)

SCÈNE VI.

Mme RABILLOT, DENISE.

(Elle a une robe de belle indienne, et est coiffée avec un madras. Son tablier de toile bise est relevé sur un côté.)

DENISE.

AIR: Dans ce modeste et simple asile (LE CHALET).

Tout Paris connaît l'écaillère,
Dont on vant' le p'tit air coquet;
Bien des galants cherch'nt à lui plaire,
Mais c'est Robert seul qui lui plait...
Et j'dis qu'celui-là n'est pas laid.
Plus d'un gentil seigneur
Séducteur,
Vient m'proposer son cœur,
Et parler d'son ardeur! (bis.)
Mais à son langage
Je réponds : C'est dommage
Que l'on chant' tout ça,
Tra, la, la, la, la, la, la, la, la,
Dans tous les airs de l'Opéra!

Le dimanche à la Grand'-Chaumière,
Mon amant pour moi s' met en frais...
Et mon cœur bat d'un' bell' manière
Aussitôt qu'j'entends les archets...
Nous prenons tout d'suit' quinz' cachets.
Quand je suis à valser,
A danser,
Rien ne peut me lasser,
Je voudrais r'commencer... (bis.)
Si d'être écaillère
Souvent je suis fière,
Je changerais ce bonheur-là,
Tra, la, la, la, la, la, la, la, la,
Pour êtr' danseuse à l'Opéra.

MADAME RABILLOT.

Comme tu arrives tard, Denise!... tu sais bien pourtant que j'ai laissé ma boutique toute seule à la halle.

DENISE.

J'étais si fatiguée!... ça y paraît-il ce matin?...

MADAME RABILLOT.

Non... non!... et tu es encore plus fraîche que de coutume...

DENISE.

C'est ce qu'ils m'ont dit toute la nuit à ce bal où je me suis tant amusée...

MADAME RABILLOT.

Tais-toi... tais-toi, Robert est là... et il ne faut pas qu'il sache... lui qui a passé la nuit à la salle de police, il ne serait pas content.

DENISE.

Dame!... ce n'est pas ma faute, s'il se fait mettre en prison... pourquoi est-il si mauvaise tête?...

MADAME RABILLOT.

Prends bien garde, Denise, qu'il ne te voie causer avec ce jeune milord qui depuis quelques jours vient au restaurant pour te voir...

DENISE.

Vous croyez que c'est pour moi?...

MADAME RABILLOT.

J'en suis sûre... je m'y connais... je ne t'en fais pas de reproches... c'est bien naturel... Fanchon la Vielleuse a bien fait tourner la tête à un marquis avant la révolution... tu pourrais bien captiver un milord... mais tu t'es promise à Robert, et, s'il te surprenait avec cet Anglais, il arriverait quelque malheur.

DENISE.

Tiens! je ne fais pas de mal. (A part.) Si elle savait qu'il est venu au bal de l'Élysée...

MADAME RABILLOT.

Et puis, vois-tu, mon enfant, ces connaissances-là ne mènent à rien; si tu ne veux pas qu'on jase, il faut lui dire que t'as des précautions à prendre...

DENISE, réfléchissant.

Oui, ma tante.

MADAME RABILLOT.

Que tu ne peux plus lui parler...

DENISE, même jeu.

Oui, ma tante.

MADAME RABILLOT.

Que ça te compromettrait.

DENISE.

Oui, ma tante.

MADAME RABILLOT.

A la bonne heure... adieu, ma fille... à tantôt...

DENISE.

A tantôt, ma tante.

(Madame Rabillot sort.)

SCÈNE VII

DENISE, seule.

Venir pour moi dans un bal du peuple!... lui... si poli... si riche!... Il mériterait bien que je lui rende la pareille... au bal de son oncle... dont il m'a tant parlé toute la nuit... Oh! mais, je n'ose pas... si Robert apprenait... et pourtant quand ce jeune homme me pressait dans ses bras... en valsant... j'étais si troublée... à présent il me semble que j'ai rêvé tout ce qu'il m'a dit.

SCÈNE VIII.

DENISE, FRANÇOIS.

FRANÇOIS, à part.

Ah! voilà la belle écaillère... je vas profiter de l'occasion pour lui parler de la lettre que j'ai mise hier dans son cabas... Oh! voilà le pompier qui sort... attendons qu'il soit parti...

(Il s'éloigne un instant.)

SCÈNE IX.

DENISE, ROBERT.

DENISE, à part.

Robert!... Allons, allons, chassons toutes ces idées-là.

ROBERT, à la cantonade.

Vous entendez?... du vin à seize pour arroser le volatile... et quatre couverts avec serviettes, dans le petit cabinet de l'entresol... — Ah! voilà l'objet qui me correspond pour le cœur... Bonjour, ma charmante.

DENISE.

Bonjour, Robert.

ROBERT.

Combien j'ai des excuses à vous faire pour avoir manqué hier à l'appel du plaisir!... mais ce soir je suis sous le joug de la beauté : de sept à onze, vous pouvez me mener où vous voudrez.

DENISE.

Je compte sur vous.

ROBERT.

Vous!... Chère amie, vous ne vous décidez donc pas à me tutoyer?

DENISE.

Le jour des noces, je dirai *toi* gros comme le poing... Ah! vous avez là vos fleurets... est-ce que vous voulez me donner encore une leçon?

ROBERT.

Plus tard, après dîner... Grace à moi, vous faites tous les jours des progrès... ça n'est pas étonnant, je suis élève de Grisier... Ça peut vous servir, qui sait!

DENISE.

Je fais ce que tu veux.

ROBERT.

Vous avez dit *tu*... ah! le coup m'est sensible, Denise; attendez au moins que je puisse parer la botte.

DENISE.

Dites donc, hier je vous ai touché!

ROBERT.

Avec vous, je n'en rougis pas; j'ai reçu le coup droit au cœur.

DENISE.

Vous m'aviez promis de m'apprendre une botte secrète.

ROBERT.

Vous en portez plus d'une, de bottes secrètes, quand je vous donne le bras dans un bal.

DENISE, riant.

C'est possible, mais celles-là ne font pas mourir.

ROBERT.
Elles détériorent peu à peu un individu.

DENISE.
J'ai tant de plaisir à vous donner le bras, à danser avec vous!... (Elle lui donne le bras et le câline.) Nous faisons tant de jaloux!... n'est-ce pas, Robert?

ROBERT.
On envie notre bonheur, ma Denise... (A part.) Heureusement qu'elle ignore toutes les conquêtes que je fais.

DENISE.
C'est que je vous aime depuis long-temps, voyez-vous... (A part.) S'il savait que ce jeune milord...

ROBERT.
Air de Joconde.

Je connais votre tendresse;
Pour vous je suis plus qu'un roi;
Vous m'aimez avec ivresse,
Vous ne vivez que pour moi.
J' suis content d' votre constance,
Elle est vive et sans détour;
Mais pour votre récompense
Je vous rends amour pour amour,
Je vous rends, etc., etc.

Même air.

DENISE, à part.
J'aime qu'on me trouve belle!

ROBERT, de même.
J'aime à paraître charmant!

DENISE, même jeu.
J'ai bien peur d'être infidèle...

ROBERT, de même.
J'ai bien peur d'être inconstant.

ENSEMBLE.
(En se regardant bien tendrement.)
O divine sympathie
D'un cœur tendre et sans détour!
Tâchons ainsi pour la vie
De nous rendre amour pour amour,
Tâchons ainsi, etc.

ROBERT.
A bientôt la noce!

DENISE.
A bientôt, Robert.

ROBERT.
Tous les amis seront là, la main au casque, au moment où l'épouse adorée marchera à l'autel...

(Ici François paraît.)

FRANÇOIS, à part.
Ah! le voilà encore!...

ROBERT.
Air du vaudeville de l'Anonyme.

Quand la mariée entrera dans l'église,
C'est un pompier qui lui tendra la main;
Pour êtr' galant auprès de ma Denise,
Je veux aussi des pompiers au festin;
C'est un pompier qui boira l' premier verre
Du bon p'tit vin qui doit nous mettre en goût,
C'est un pompier qui prendra la jarr'tière...

FRANÇOIS, à part.
Diabl' de pompiers, il veul'nt donc prendre tout!

ROBERT.
Au revoir, chère amie de mon âme!... (Il lui baise la main. — A part.) L'honneur m'appelle sous l'arche Marion; oublions pour quelques instants l'amour et toutes ses voluptés.
(Il sort.)

SCÈNE X.

DENISE; FRANÇOIS, sur sa porte.

DENISE, à elle-même.
Non, je ne puis me le dissimuler, quelque chose m'entraine vers Robert... mais pourtant, quand j'aperçois M. Arthur, je fais bien des réflexions.

FRANÇOIS, s'approchant.
V'là le quart d'heure désiré... hum! hum!...

DENISE, à part.
Ah!... voilà ce garçon du marchand de vin... qui s'avise aussi de m'écrire... si je montrais sa lettre à Robert, M. François passerait un mauvais quart d'heure... mais je suis bonne fille, et je ne veux la mort de personne...
(Elle va à sa place.)

FRANÇOIS, s'approchant.
Pardon... belle écaillère... de mon cœur... car vous l'avez captivé, ce tendre cœur... avez-vous jeté les yeux sur le poulet?

DENISE.
Quel poulet?

FRANÇOIS.
Un tout petit poulet... que j'avais eu la témérité de mettre hier dans votre cabas... avec une déclaration d'amour dedans...

DENISE.
Dans le panier?

FRANÇOIS.
Non, dans la lettre... Je vous peignais ma passion naissante, et je vous offrais...

DENISE.
Je n'ai pas vu de lettre...

FRANÇOIS.
Vous n'avez pas vu de lettre!... je l'ai pourtant mise dans le cabas; à preuve qu'il y avait dedans trois pruneaux et cinq écrevisses...

DENISE.
Dans la lettre?...

FRANÇOIS.
Non... dans le cabas...

DENISE, à part.
Ce pauvre garçon!...

FRANÇOIS.
Enfin, mam'selle Denise... si la lettre est égarée... ma passion est toujours là pour vous dire...

UN GARÇON DU RESTAURANT, accourant.

Mam'selle Denise... on demande des huîtres comme s'il en pleuvait : trois douzaines au premier, huit douzaines dans la grande salle... (A part, en regardant au fond.) Ah! dites donc, voilà ce jeune milord, vous savez?...

DENISE, se retournant et voyant arriver Arthur avec Alfred.

M. Arthur... il n'est pas seul!...
(Elle reprend l'air.)
Tout Paris connaît l'écaillère
Dont on vant' le p'tit air coquet...
(Elle se met à ouvrir des huîtres en tournant quelquefois la tête.)

FRANÇOIS, à part.

C'est dommage, j'étais lancé... Ah! voilà les Anglais qui en comptent à Denise... je vais avoir l'œil sur eux...
(Il rentre.)

SCÈNE XI.
ARTHUR, ALFRED.

ALFRED.

C'est donc ici que respire ta belle écaillère?

ARTHUR.

Oui... la voilà dans l'exercice de ses fonctions... parlons bas.
(En ce moment Denise se retourne.)

ALFRED, la regardant.

Ah! qu'elle est bien!... elle est vraiment digne de sa renommée... mais je présume que lord Galby ne songe pas à faire partager sa couronne de comte à cette reine de la halle...

ARTHUR.

Plus bas... je t'en prie, Alfred... plus bas... ne me fais pas repentir de t'avoir amené ici...
(Pendant la scène, Denise ouvre des huîtres et va et vient.)

ALFRED, plus bas.

Tu sais que tu peux compter sur ma discrétion et mon amitié; mais, pour l'honneur de notre Angleterre, il faut que tu gagnes ton pari...

ARTHUR.

Ah!... je me suis engagé bien témérairement... Denise est aussi sage que jolie, et pour triompher de ses scrupules il ne me reste qu'un seul jour.

ALFRED.

Comment ce défi s'est-il donc engagé?

ARTHUR.

Ah! c'est une de ces mille imprudences que nous fait faire à Paris le vin de Champagne, à nous autres Anglais... Il y a trois jours, en dînant ici, avec nos amis et le comte de Walbelle... ce jeune Français si avantageux... on parla de notre belle écaillère... de sa vertu... et, la tête échauffée par les fumées d'un vin qui pétillait encore dans mon verre, je pariai qu'elle ne résisterait pas à un Anglais...

ALFRED.

Tout cela me semble assez raisonnable... seulement le délai me paraît un peu court.

ARTHUR.

Oui, cela tient de la folie... trois jours! c'est à peine si on aurait le temps de triompher d'une dame de notre grand monde... et Denise est une vertu...

ALFRED.

Oh! une vertu...

ARTHUR.

Je ne plaisante pas... c'est l'opinion de tout le quartier... (Souriant.) Tu vois que j'ai pris des renseignements... Encore si je n'avais engagé que de l'argent, mais Actéon, mon joli coureur arabe, qui va comme le vent... demain à midi, il appartiendra à ce fat de Walbelle, si Denise échappe à mes filets.

ALFRED.

A te dire vrai, ton coureur me semble un peu aventuré... car enfin tu ne me parais pas trop avancé près de la belle...

ARTHUR.

Elle m'écoute cependant... elle m'écoute avec attention... avec plaisir même... La nuit dernière, dans un bal populaire où je l'ai suivie sous un déguisement...

ALFRED.

Ah! tu m'en diras tant...

ARTHUR.

Enfin je vais tenter un coup des plus hardis... et d'une originalité...

ALFRED.

Lequel?...

ARTHUR.

Tu sais que cette nuit, lord Galby, mon oncle, donne un bal travesti à sa brillante société... c'est là que je veux conduire Denise... c'est là que je veux l'éblouir, l'étourdir et gagner mon pari...

ALFRED.

Denise chez ton oncle, le plus fier de nos grands seigneurs!

ARTHUR.

Tu penses bien que ce sera à son insu...

ALFRED.

Et tu espères le tromper, lui qui se croit le plus fin diplomate de la Grande-Bretagne... et qui place toujours si malheureusement son mot favori : J'en étais sûr!

ARTHUR, riant.

Ah! ah! mon oncle ne m'inquiète guère... d'ailleurs il recevra tant de monde à son bal, que Denise y sera perdue dans la foule.

ALFRED.

Et tu espères la décider à s'y rendre?

ARTHUR.

Oui; et, si elle y vient, Actéon me restera.

ALFRED.

Je devine ton plan... Tes appartements près

de la salle du bal... un petit escalier dérobé... le son des instruments... l'éclat des lumières... le punch... en voilà plus qu'il ne faut pour tourner la tête d'une écaillère.

ARTHUR.

Silence !... la voici...

SCÈNE XII.
Les Mêmes, DENISE.

DENISE, à la cantonade.

Je vous dis qu'elles sont fraiches, moi ! (elle jette avec humeur, sous son étalage, des coquilles d'huîtres qu'elle a dans son tablier.) fraiches comme de la rosée... (A elle-même.) Mon Dieu ! mon Dieu !... que c'est vexant de rencontrer comme ça des gens exigeants !...

ARTHUR.

Vous paraissez bien irritée, belle Denise...

DENISE.

C'est vrai, aussi... on ne sait comment les contenter... Les uns veulent comme ci, les autres veulent comme ça... et moi, qui presque toujours ne veux ni comme ça, ni comme ci... je dis qu'il y a des moments où qu'il vaudrait mieux être duchesse ou milady, que d'être écaillère dans ce Paris.

ARTHUR, bas à Alfred.

Sa colère vient bien à propos... Va faire servir le déjeuner... je marche sur tes pas.

ALFRED.

J'entends.

(Il sort.)

SCÈNE XIII.
ARTHUR, DENISE.

ARTHUR.

Voici le moment de vous répéter ce que je vous disais cette nuit au bal... l'état que vous faites n'est pas digne de vous.

DENISE.

Pourquoi ?... Quand on a fait son apprentissage au Rocher de Cancale, on peut briller à la place Cambrai.

ARTHUR.

C'est fort bien, mais il ne tiendrait qu'à vous d'être une duchesse... une milady...

DENISE, souriant.

Eh ! mais, vous n'êtes pas le premier qui m'ayez dit cela.

ARTHUR.

Je le conçois... tout le monde, en vous voyant, doit avoir la même pensée... chacun, en vous parlant, doit tenir le même langage... mais personne, autant que moi, n'a ressenti le pouvoir de vos charmes...

DENISE.

Êtes-vous séducteur, monsieur Arthur !... et

m'en avez-vous dit la nuit dernière à ce bal !... Par bonheur, personne ne s'est douté que ce malin, qui dansait toujours avec moi, était un riche milord... Si je voulais vous croire, pourtant !... Heureusement, j'ai des principes... et puis j'en aime un autre... je dois vous le dire.

ARTHUR, soupirant.

Cet autre... est un heureux mortel, Denise...

DENISE.

C'est un bon garçon... pas si aimable que vous, j'en conviens... mais il me va, Robert !... et j'ai promis de l'épouser.

ARTHUR.

Avec lui, vous resterez toujours à cette place...

DENISE, soupirant.

Ah !... c'est vrai...

ARTHUR, avec une intention marquée.

Il ne tiendrait qu'à vous, Denise... Mais à propos de cela, je vous ai parlé du bal de mon oncle... ce sera le plus beau de la saison... un bal travesti, les toilettes les plus élégantes... des salons éclairés par mille bougies... un orchestre composé des meilleurs musiciens de Paris...

DENISE.

Oui... ce doit être superbe !... il me semble que j'y suis... que je danse vis-à-vis de belles dames, dans de beaux salons, au premier...

ARTHUR.

Vous y serez quand vous le voudrez.

DENISE.

Laissez donc ! je ne peux pas aller dans un bal sans être invitée.

ARTHUR.

Je vous invite, moi...

DENISE.

Vous, je le crois bien... mais le bourgeois votre oncle ?...

ARTHUR.

Voici une invitation de sa part.

DENISE.

Une invitation à moi... à une écaillère !... vous voulez rire...

ARTHUR.

Ce qui vous paraît si étrange, ma belle Denise, est un usage de notre Angleterre... les plus grands seigneurs s'y conforment ; et, pour captiver l'affection du peuple, ils invitent à leurs fêtes des gens des conditions les plus modestes.

DENISE.

Allons donc !...

Air du Carnaval.

Avec plaisir bien que je vous écoute,
Je ne crois pas à toutes vos raisons ;
Dans les hôtels on nous reçoit sans doute
A l'antichambre, et non dans les salons ;
Et cependant, sans vouloir être fière,
J'ai vu souvent descendr' d'un beau landau
Plus d'une dame à qui, foi d'écaillère,
J'aurais bien pu r'passer mon p'tit couteau. (bis.)

ACTE I, SCÈNE XIII.

ARTHUR.

Sur ce point, je pense comme vous; et, à ma prière, mon oncle vous envoie cette invitation.

(Denise la prend. La lettre est écrite sur papier rose.)

SCÈNE XIV.

Les Mêmes; FRANÇOIS, paraissant vivement sur la porte du cabaret.

FRANÇOIS, à part.

Ah! il lui a remis une lettre.

DENISE, bas à Arthur.

Parlez bas... on nous écoute... C'est bien aimable à monsieur votre oncle; mais je ne peux pas en profiter... je vais ce soir danser à l'Élysée avec Robert : c'est une partie arrêtée.

ARTHUR, à part.

Qu'entends-je!

FRANÇOIS, à part.

Je ne sais pas ce qu'il lui dit; mais j'ai vu la lettre, j'avertirai le pompier; il assommera l'Anglais, c'est sûr... Je m'en vas la guetter à travers les carreaux.

(Il sort.)

ARTHUR.

Eh quoi! Denise, vous pouvez donner la préférence à monsieur Robert... sur moi qui vous aime tant!...

DENISE, se retournant, et ne voyant plus François.

Il le faut... c'est mon prétendu... Reprenez cette lettre... ça me fait bien du chagrin de vous la rendre... Il y a si long-temps que je voulais voir un bal du grand monde!... Il n'y faut plus penser.

ARTHUR.

Cruelle!... Non, je ne reprendrai pas cette invitation.

DENISE.

Monsieur Arthur, je vous en prie...

ARTHUR.

Vous réfléchirez; et, à dix heures, ma voiture sera à la porte de votre tante.

DENISE.

Monsieur Arthur!...

ARTHUR.

Adieu, chère Denise; je compte bientôt vous revoir.

(Il entre dans le restaurant.)

SCÈNE XV.

DENISE, seule.

Chère Denise!... qu'il est aimable!... Quel singulier usage en Angleterre d'inviter comme ça toutes les classes de la société!... Aiment-ils le peuple, ces bons Anglais!... La voilà, cette invitation... comme elle sent bon... et que je suis heureuse de savoir lire! (Elle épelle.) « M, i, mi, « l, o, r, d, lord, milord; G, a, l, Gal, b, y, by, « milord Galby. » —Tiens, je sais lire l'anglais! — « V, o, u, s, vous, vous prie... de l, u, i, lui, « faire l'honneur de venir... passer... la soi- « rée... dans son hôtel. » — C'est donc bien vrai... Que je suis contente!...

Air du Galop de Gustave.

Déja j'entends
Les instruments,
A danser il faut que j'm'apprête.
Quels beaux salons
Et quels violons!
Ça me donne des frissons.
De tous côtés
J' vois des beautés
Qui vienn'nt assister à c'te fête;
On vient m'offrir
De m' rafraîchir,
C'est à mourir
De plaisir!

Pour bien danser,
Ou pour valser,
Ils prennent tous leurs places;
Moi, j' ris tout bas
D' mon embarras;
Je m' vois dans tout's les glaces.
Faut galoper
Avant l' souper,
Un jeune Anglais m'invite;
Moments bien doux,
Loin des jaloux,
Que la nuit passe vite!...

(Changeant de ton.)

Oui, mais le lendemain
On apprend tout de bon matin,
Et tous les cancans vont leur train;
Que ne dit-on pas à c'te halle!...
Mam'sell' va sans efforts,
Et sans éprouver de remords,
Danser, valser chez les milords;
En v'là-t-il un fameux scandale!...

(Parlant.) Ils en disent, ils en inventent à faire frémir celle qui aurait queuqu' chose à se reprocher; mais, moi, c'est différent, je me moque de tout ça; je n'en ferai toujours qu'à ma tête...

REPRISE.

Déja j'entends
Les instruments, etc., etc.

Mais tout cela ne doit pas arriver... J'ai promis à Robert, et je dois tenir ma promesse... D'ailleurs je ne suis pas fâchée d'avoir ce prétexte pour refuser ce jeune Anglais.

(Elle va mettre l'invitation d'Arthur dans son sac de paille, qui est suspendu à son étalage.)

SCÈNE XVI.

DENISE, ROBERT, SAVIN, et DEUX AUTRES POMPIERS; ils se tiennent bras dessus bras dessous tous les quatre.

TOUS LES QUATRE

Air :

Vivent les pompiers,
Ce sont des troupiers

Qui pour la valeur
Ont bien leur valeur!

ROBERT.

A table, maintenant, car l'honneur est satisfait.

SAVIN.

Tant de tués, que de blessés, il n'y a personne de mort... Je m'en doutais... j'ai dix ans de service.

ROBERT, se retournant.

A propos, Denise... mon adorable amie... vous me voyez dans la désolation la plus grande... je vais porter un coup mortel à votre cœur de jeune fille... amoureuse de la danse et du plaisir... Il faudra vous coucher, comme la nuit dernière... attendu que je ne peux pas vous conduire danser avant vingt-quatre heures... C'est fait pour moi!

DENISE.

Ah! mon Dieu!... et pourquoi?

ROBERT.

Ne m'en parlez pas, c'est comme un sort... Je suis d'un service supplémentaire... avec Savin et six hommes de la compagnie... Nous allons chez un richard, qui a demandé un poste de sûreté au commandant.

DENISE.

Ah! mon Dieu, mon Dieu!... comme c'est contrariant!...

ROBERT.

Oui, mais vous êtes incorporée dans le militaire, Denise... et vous devez connaître la consigne... Si le pompier a ses instants de plaisirs, il a ses quarts d'heure d'enfoncement.

AIR : *Le troubadour à son amie.*

Quand le service le réclame,
Être fidèle au command'ment,
S'apprivoiser avec la flamme.
Quand l' feu prend dans un bâtiment,
Y porter des s'cours lestement;
Avec la même sympathie,
Monter éteindre un incendie,
Chez l'ouvrier comm' chez l'banquier,
Eh! Eh!
Au sixième comme au premier,
Voilà (*ter.*) les devoirs du pompier,
Voilà, (*4 fois.*)
Voilà les devoirs du pompier!

DEUXIÈME COUPLET.

Passer gaîment tout's ses soirées,
Trinquer avec de vrais amis,
Jouir de ses grandes entrées
Sur tous les théâtr's de Paris,
En faire souvent ses profits;
S'placer à la première coulisse,
Entendr' les cancans d' chaque actrice
Qui cause avec le jeun' premier,
Eh! eh!
Et voir autr' chose sans rien payer...
Voilà (*ter.*) les plaisirs du pompier,
Voilà, (*4 fois.*)

Voilà les plaisirs du pompier!
Et c'est des plaisirs bien *vifs!*

FRANÇOIS, paraissant.

Vous êtes servis, pompiers.

SAVIN.

Alors... allons pomper... historiquement parlant.

REPRISE DE L'ENSEMBLE.

Vivent les pompiers, etc., etc.
(Ils entrent chez le marchand de vin.)

SCÈNE XVII.

DENISE, seule.

Comme ça se trouve pourtant!... Robert qui ne peut pas me conduire au bal... et cette invitation pour y aller... Mais si ce jeune homme voulait me tromper... si, par une ruse... Oh! non!... c'est impossible... il est si bon... et il paraît tant m'aimer!...

SCÈNE XVIII.

DENISE, ARTHUR, ALFRED.

ARTHUR, vivement, en allant à elle.

Eh bien! Denise... puis-je compter sur vous?

DENISE, bas, avec crainte.

Allez-vous-en... allez-vous-en... Robert est là.

ARTHUR.

Je veux avoir votre réponse... Faut-il que ma voiture...?

DENISE, bien bas.

A dix heures!...

SCÈNE XIX.

LES MÊMES, ROBERT, SAVIN, FRANÇOIS.

ROBERT, sur la porte du marchand de vin.

Qu'est-ce que tu dis donc là, François?

FRANÇOIS, à part.

Tenez... tenez... les v'là encore ensemble.

DENISE, se retournant, bas à Arthur.

Robert!... il a tout entendu.

ARTHUR, bas.

Laissez-moi faire. (Haut.) Mademoiselle, ne nous oubliez pas, je vous prie... deux cents douzaines d'huîtres, pour sept heures, à l'hôtel de Galby... sept heures... entendez-vous?

(Il sort avec Alfred.)

DENISE, tremblante.

Ça suffit, monsieur... on ira.

SCÈNE XX.

DENISE, ROBERT, SAVIN, FRANÇOIS.

ROBERT, s'avançant.

Non!... non!... vous n'irez pas!

ACTE I, SCÈNE XX.

DENISE.
Tiens! est-ce que vous voulez m'empêcher de faire mon état?

ROBERT.
Denise, approchez.

DENISE.
Qu'est-ce que vous me voulez, mon ami?

FRANÇOIS, bas à Savin.
Oh!... est-elle cauteleuse!...

ROBERT.
Denise... regardez-moi bien, là!...

DENISE.
Je ne fais que ça toute la journée.

ROBERT.
N'éludons pas la question... Regardez-moi, Denise.

DENISE.
Eh bien! après?

ROBERT.
Vous rougissez... fiancée du pompier... vous êtes donc coupable?

DENISE.
Coupable ... et de quoi?

ROBERT.
Que faisait ici... ce tourtereau?

DENISE.
Il me faisait une commande.

ROBERT.
Possible!... mais il vous a remis un billet doux.

DENISE, à part.
On l'a vu!

ROBERT.
Et vous allez m'en faire part à l'instant..... sans balancer et sans tour de main.

DENISE.
Je n'ai pas reçu de billet doux.

FRANÇOIS, à part.
Est-elle menteuse... hein!... l'est-elle!...

ROBERT.
Denise, n'espérez pas m'abuser... L'amour est aveugle... mais ça ne l'empêche pas d'y voir.

DENISE.
Quelquefois il voit tout de travers.

ROBERT.
Ce jeune mirliflor vous a donné une lettre... il faut me la remettre franche de port, pas plus tard que tout de suite.

DENISE.
Si vous avez perdu la tête... cherchez-la.

ROBERT.
Denise, je veux bien croire que vous n'avez pas l'intention de me supplanter... je n'ai pas le profil d'un amant qu'on trompe... Mais un homme a osé vous écrire, et je veux lui porter moi-même la réponse... au bout d'une lame.

SAVIN.
C'est légitime!

DENISE.
Mais quand je vous dis que je n'ai pas reçu de lettre.

ROBERT.
Je suis sûr du contraire.

DENISE, pleurant.
Ah! mon Dieu, mon Dieu!... peut-on traiter une pauvre fille comme ça!... Ah! je suis bien malheureuse...

ROBERT.
Oh! vous avez beau pleurnicher, je suis fait à l'eau comme au feu... (D'une voix forte.) Donnez-moi ce poulet, ou sinon...

DENISE, changeant de ton et faisant un geste.
Vous oseriez?... Ne m'approchez pas... ou je fais assembler tout le quartier.

ROBERT.
Tout le quartier! ça me va... Je lâcherai le grand mot devant tout le monde : on vous a vue recevoir cette lettre...

DENISE.
On m'a vue!... qui?

ROBERT.
Qui?... qui?... François!

FRANÇOIS.
Moi!... (Bas.) Vous aviez promis de me garder l'anonyme, pompier......

SAVIN, à part
Ne crains rien... c'est pour la chose.

ROBERT.
Et cette lettre... vous l'avez mise... dans votre panier...
(Il montre le sac de paille attaché à la place de Denise.)

DENISE.
Comment, c'est M. François qui est venu vous dire...! (A part.) Est-il sournois, ce vilain rat de cave!... Oh! j'ai là de quoi me venger..... (Haut.) Puisqu'il vous l'a dit, je n'ai plus rien à répondre... Mais elle n'y est plus, cette lettre, dans mon cabas... Tenez, méchant... (tirant une lettre de la poche de son tablier.) la voilà.
(Elle donne la lettre à Robert. — François sourit à part.)

ROBERT.
Donnez, méchante.

FRANÇOIS.
Quand je disais!...

SAVIN, à part.
Voilà le pot aux roses au grand air.

ROBERT.
Je la tiens donc!... Ah! mon petit milord... (Il ouvre la lettre.) Elle sent un drôle de goût... on dirait qu'elle sent la cire à cacheter des bouteilles. (Il lit.) Qu'est-ce que je vois donc là?... (Il lit haut.) « Belle écaillère, plus je vous vois, « plus je vous adore... »

FRANÇOIS, à part.
Ah! mon Dieu!... c'est ma lettre.
(Il veut s'éloigner, Savin le retient.)

ROBERT, lisant.
« Et je vous fais l'offre de mon cœur et de ma « main... qui vous seront plus profitables que « ceux de votre pompier, qui est un coureur, « un mauvais sujet, et qui, par parenthèse, en

« conte à la bourgeoise de chez nous, avec
« laquelle j'ai l'honneur d'être... FRANÇOIS, gar-
« çon de cave. » Ai-je bien lu ? (Se retournant vivement du côté de François.) Comment, limaçon!...
c'était toi qui voulais...! Ah! par exemple, c'est
par trop romantique, et je vas caresser tes ailes
d'amour avec le plat de mon sabre... tu n'es
pas digne d'autre chose... Prête-moi tes épau-
les.

FRANÇOIS.

Mais, pompier...

SAVIN.

Calomnier ainsi une jeunesse, une vertu!...

ROBERT.

Une femme idolâtrée !

DENISE.

Je ne voulais pas le trahir, mais puisqu'il
m'y a forcée...

ROBERT.

Accepte le plat, ou je pique de la pointe.

FRANÇOIS, criant:

Au secours!... au secours!... C'était un simple badinage, pompier... Au secours!... au
secours!

ENSEMBLE.

AIR des Chevau-légers (PRÉ-AUX-CLERCS).

ROBERT.

J'vas t'fair' payer ce badinage;
Ça ne peut pas, crois-moi, s' passer ainsi ;
J'aurai raison de cet outrage,
C'est l'honneur qui le veut ici.

DENISE, SAVIN.

Robert n'entend pas l' badinage,
Et c' pauvr' François s' croit devant l'ennemi ;
Je lui croyais plus de courage,
Est-il permis d' trembler ainsi !

FRANÇOIS.

Pompier, c' n'était qu'un badinage,
Je vous l' répète et je vous l' jure ici :
N' prenez pas ça pour un outrage,
Non, je n' suis pas votre ennemi.

SAVIN.

Robert, mon ami, calme-toi...

DENISE.

Oui, calme-toi.

FRANÇOIS.

Ah! sauvez-moi!

(Ici les voisins et les consommateurs du restaurant accou-
rent de tous côtés.)

SCÈNE XXI.

LES MÊMES, Mme RABILLOT, GARÇONS et
CONSOMMATEURS, VOISINS et VOISINES.

CHOEUR GÉNÉRAL.

ROBERT.

J'vas t' fair' payer ce badinage; etc.

DENISE, SAVIN.

Robert n'entend pas l' badinage, etc.

FRANÇOIS.

Pompier, c' n'était qu'un badinage, etc.

MADAME RABILLOT et LE CHOEUR.

D'où vienn'nt ces cris et ce tapage,
Et pourquoi donc se disputer ainsi ?
Vous fait's peur à tout l' voisinage,
On dirait qu'l'enfer est ici.

MADAME RABILLOT, arrêtant Robert.

Robert, épargnez cet innocent.

ROBERT.

Laissez-moi corriger ce fabricant d'eau rou-
gie.

SAVIN, de même.

Sois tranquille, il ne le fera plus.

ROBERT.

Laissez-moi châtier ce Ganymède de malheur.

DENISE, de même.

Je demande grace pour lui.

ROBERT.

Vous, Denise!... vous demandez une grace!...
je dépose les armes... et devant tout un public
qui m'écoute, le joli pompier *adjure* aux genoux
de la belle écaillère sa défiance et ses soupçons.

DENISE.

Robert, je vous pardonne.

ROBERT.

C'est Mars aux pieds de Vénus, historiquement parlant...

MADAME RABILLOT.

Quel tableau touchant !

ROBERT.

Maintenant, Denise, je vous verrais causer
avec un individu, je lui verrais même baiser
cette jolie main blanche, que je n'en croirais
plus mes yeux... Je jure ici à la face du ciel
qu'il me faudrait les preuves les plus convaincantes...

DENISE.

C'est bon ! rappelez-vous ça.

ROBERT.

Je le répète devant Savin... il me faudrait les
preuves les plus convaincantes...

DENISE.

Et moi, Robert, je vous répète que vous
pouvez compter sur ma fidélité.

SAVIN, à part.

Sa fidélité!... J'ai dix ans de service.

ROBERT.

AIR : La Danoise (LA CHAISE BRISÉE, de Musard).

Plus d' soupçons, plus d'ennui !
De la gaîté sans ombrage.
(A tous.)
Au bal de mon mariage
J' vous invit' dès aujourd'hui.

CHOEUR.

Plus d' soupçons, plus d'ennui! etc.

ROBERT, à Denise.

Dimanche à la Chaumière,

Nous nous en donnerons
Et la journée entière
Nous rirons
Et nous danserons...

(Ici François, qui s'est approché de l'étalage de Denise, met la main dans le sac de paille, et en tire une lettre qu'il montre à part avec joie.)

FRANÇOIS, à part.
Ah! la v'là c'te lettre!...

CHŒUR GÉNÉRAL.
Plus d' soupçons, plus d'ennui!
De la gaîté sans ombrage.
Au bal de son mariage
Il nous invite aujourd'hui.

ACTE SECOND.

Un riche salon s'ouvrant sur une brillante galerie éclairée avec des lustres suspendus au plafond. Deux portes latérales vis-à-vis l'une de l'autre. A droite, au deuxième plan, une fenêtre avec un grand rideau-portière. Un divan près de la fenêtre.

SCÈNE I.

LORD GALBY, sur le divan; WILLIAMS, debout devant lui. Il porte la livrée avec aiguillettes. DEUX VALETS, au fond.

LORD GALBY, une lettre à la main.

J'en étais sûr!... L'ambassadeur me manque de parole; il m'écrit qu'il est enrhumé. Il y a refroidissement entre la France et l'Angleterre... N'importe, faute d'un ambassadeur, mon bal ne manquera pas... (Il se lève.) Williams, que le souper soit servi à deux heures du matin... Veillez aux rafraîchissements; dites à David de ne laisser entrer personne sans une lettre d'invitation.

WILLIAMS.
Oui, milord.

LORD GALBY, à lui-même.
Cette salle de bal, que j'ai fait construire en vingt-quatre heures au bout de cette galerie, est d'une richesse très remarquable... (Aux valets.) Avez-vous pris toutes les précautions nécessaires contre le feu?

WILLIAMS.
Comme milord l'a ordonné, j'ai demandé au commissaire du quartier une garde de pompiers; elle vient d'arriver.

LORD GALBY.
Que ces braves gens ne manquent de rien.

WILLIAMS.
J'ai tout prévu, milord.

LORD GALBY.
C'est bien!... Avez-vous porté mon invitation à l'hôtel des Princes?

WILLIAMS.
Oui, milord... Ces messieurs ne sont arrivés par la diligence de Strasbourg que ce matin; et, malgré la fatigue du voyage, ils viendront au bal de milord... ils m'ont même chargé de leur louer des costumes... que voilà.

(Il montre un paquet qui est sur un fauteuil.)

LORD GALBY.
Voyons, comment veulent-ils se travestir?...
(Il regarde les costumes.) En Turcs!... en pachas!... singulière idée!... C'est chez mon neveu, sans doute, qu'ils prendront ces déguisements... ils seront à ravir!... C'est la première fois que ces deux jeunes Allemands viennent à Paris... on les dit fort gais et fort amusants. (A Williams, qui s'en va.) Ah! Williams, encore un mot... Sir Arthur est-il rentré à l'hôtel?

WILLIAMS.
Je n'ai pas encore entendu sa voiture.

LORD GALBY.
S'il rentre avant le bal, vous lui direz que son oncle désire lui parler.

WILLIAMS.
Il suffit, milord.
(Il sort.)

SCÈNE II.

LORD GALBY, s'asseyant.

Milord Arthur de Galby, le fils d'un pair d'Angleterre, l'héritier d'une immense fortune, sérieusement épris d'une femme du peuple!... Je ne puis le croire... je ne puis penser surtout, comme on a voulu me le faire entendre, qu'il songe à faire sa femme de cette jeune fille!.. et cependant notre Angleterre a vu tant de mésalliance de ce genre!... Ce caprice contrarie en ce moment mes projets... Je rêvais un grand mariage pour sir Arthur avec la jeune veuve d'un lieutenant-général que je n'ai pas encore vue, dont tout le monde vante la grâce et l'esprit... Et la jeune comtesse, qui était allée passer le temps de son deuil dans ses terres de Normandie, est revenue, dit-on, à Paris plus belle et plus folle que jamais... J'en étais sûr, car c'est une Française dans toute l'étendue du mot... C'est pour la rapprocher d'Arthur que j'ai donné ce bal... j'espère que la comtesse de Saint-Ferrand lui fera sans peine oublier une conquête indigne de lui. (Remontant la scène.) Mais le voici...

SCÈNE III.

Lord GALBY, ARTHUR.

ARTHUR.
Mon cher oncle, je me rends à vos ordres.

LORD GALBY.
Je m'étonnais, mon cher neveu, de ne pas vous avoir encore vu de la journée.

ARTHUR.
Les apprêts du bal pour ce soir, milord, m'ont occupé toute la matinée... Nous allons avoir une assemblée très brillante et les plus beaux travestissements : tous nos jeunes lords veulent prendre des costumes moyen âge; la famille du conseiller Nadermann représentera le siècle de Louis XIV... Tout cela sera du meilleur goût.

LORD GALBY.
Ces travestissements sont à la mode.

ARTHUR.
Ah! je tiens beaucoup à faire parler de cette soirée... Le croirez-vous, mon oncle? j'ai porté moi-même plusieurs de vos invitations.

LORD GALBY.
C'est bien! c'est fort bien!... On m'avait pourtant assuré que vous aviez passé la matinée auprès d'une belle écaillère dont on parle à Paris.

ARTHUR, souriant.
Ah! vous savez...

LORD GALBY.
Prenez garde, mon cher Arthur; on tient à ce sujet des discours...

ARTHUR.
Milord... Mais je n'ai pas besoin de vous répéter qu'Arthur de Galby sera toujours digne de son nom, de sa famille.

LORD GALBY.
L'amour vous aveugle.

ARTHUR.
Non, mon oncle; mais si vous saviez comme elle est jolie!... Il est bien des dames invitées à votre soirée qui voudraient lui ressembler.

LORD GALBY.
Même la jeune comtesse de Saint-Ferrand, peut-être?...

ARTHUR.
Oh! non, cette jeune veuve n'a rien à envier à personne... pas même à Denise... Mais Denise, je puis vous l'attester, ne serait pas déplacée dans les plus hauts salons de Londres, et, si je l'y présentais, personne ne devinerait en elle...

LORD GALBY.
Ah! mon cher Arthur, où vous arrêterez-vous?...

ARTHUR.
Où l'honneur de notre maison me l'indiquera. Cependant nos plus riches seigneurs anglais ont donné maint exemple d'unions peu assorties... Lord Greem n'a-t-il pas épousé la nièce de son fermier!... le comte d'Owandol ne s'est-il pas uni à une danseuse de l'Opéra de Londres!... et notre ambassadeur en Hollande... et vous même, milord...

LORD GALBY, faisant un mouvement.
Silence, monsieur!... et souvenez-vous que l'époux d'une telle femme, fût-il le fils du roi d'Angleterre en personne, ne reparaîtrait jamais dans l'hôtel de lord Galby.

(Il sort.)

SCÈNE IV.

ARTHUR, seul.

Que dirait-il s'il savait que cette écaillère elle-même va venir ici!... Le coup est hardi, mais c'est le seul espoir qui me restait... Non, non, certainement je n'ai pas le projet d'épouser Denise... Je l'aime avec passion... elle est si jolie, si piquante!... mais, dès que j'aurai gagné mon pari, et il faut à tout prix que je le gagne, j'irai oublier ma conquête en Angleterre, en Italie, où je pourrai... Et une nuit me reste à peine pour éblouir, pour séduire une femme dont la vertu est réelle, positive; je n'en saurais plus douter!... Mais, puisqu'elle a consenti à venir à ce bal, j'espère que l'attrait des plaisirs... La tête d'une femme tourne si facilement! (Musique. — Rumeur dans les salons au fond.) Voici l'heure... nos salons commencent à se remplir... Elle ne peut tarder à arriver.

SCÈNE V.

ARTHUR, ALFRED; INVITÉS, avec des travestissements élégants; ils se promènent dans la galerie du fond.

ALFRED.
Ah! Arthur, je te cherchais.

ARTHUR, empressé.
C'est toi, Alfred?... et Denise, que tu t'es chargé d'amener?...

ALFRED.
Elle est dans le petit salon d'entrée, et ne veut pas aller plus loin s'il faut qu'elle mette un masque.

ARTHUR.
Quel nouveau scrupule?...

ALFRED.
C'est peut-être coquetterie; mais elle prétend que, si elle se masquait, on pourrait croire qu'elle est venue ici pour mal faire... c'est son expression.

ARTHUR.
Sans masque!... mais si quelqu'un allait la reconnaître...

ALFRED, riant.
Excepté nous, la société de ton oncle connaît peu les écaillères.

ARTHUR, riant.

En effet!... Charge-toi de lui donner la main.

ALFRED.

Mais sous quel nom l'introduisons-nous?

ARTHUR.

Attends... j'ai arrêté tout cela... la réussite est sûre... Si l'on demande son nom, tu feras annoncer la comtesse de Saint-Ferrand; mon oncle ne connaît pas cette jeune dame... C'est d'autant mieux trouvé, que la comtesse ne doit pas venir; elle s'est donné une entorse au dernier bal des Tuileries... Nous verrons ce que va penser lord Galby de la jeune écaillère.

ALFRED.

La méprise sera charmante!... Je vais chercher Denise.

ARTHUR.

Tiens, pour éviter toute fâcheuse rencontre, fais-la monter par le petit escalier dérobé... en voici la clef.

ALFRED.

Ah!... oui... le petit escalier aux aventures... vis-à-vis ta chambre. (Revenant.) Et tu espères gagner ton pari?

ARTHUR.

Au point du jour, vous viendrez frapper à cette porte et vous verrez qui vous ouvrira...

ALFRED.

Heureux mortel!... (A part, en sortant.) Je crois qu'il se flatte...

ARTHUR, seul un moment.

Tout va à merveille! La jolie comtesse de Saint-Ferrand ne se doute guère qu'elle assistera ce soir au bal de mon oncle; car, je n'en saurais douter, lord Galby va rendre à notre belle écaillère tous les hommages dus à la jeune veuve... Mais Denise que je vais tromper... ah! je suis riche, et je saurai assurer à jamais son bonheur... (Musique.) La voici!... Le sort en est jeté.

SCÈNE VI.

ARTHUR, ALFRED, DENISE, en riche costume de dame de la halle; elle tient un masque à la main.

ALFRED, qui arrive le premier par la porte à gauche.

Avancez... avancez...

DENISE, regardant autour d'elle.

Ah!... comme c'est beau par ici!... comme c'est superbe!...

ARTHUR.

Chère Denise... pourquoi trembler ainsi?

DENISE.

C'est bien naturel... quand c'est la première fois qu'on va dans le beau monde...

ARTHUR, à Alfred.

Elle est ravissante sous ce costume.

DENISE.

En v'là-t-il des lustres et des bougies!... quelle belle illumination! Laissez-moi regarder, laissez-moi tout voir, je vous en prie, monsieur Arthur... et tous ces déguisements galonnés en or et en argent, et toutes ces dames... est-ce que j'oserai jamais danser avec elles... avec des comtesses... avec des baronnes!...

ARTHUR.

Si vous oserez! je l'espère bien.

DENISE.

Elles vont toutes me regarder en riant; elles vont se moquer de moi...

ARTHUR.

Non, Denise, elles vous regarderont pour vous admirer, pour applaudir à tous vos charmes. — Avant peu, vous allez tourner toutes les têtes...

DENISE.

Entrons vite dans la salle de bal... maintenant je suis impatiente de me mettre en place... Voyez... je ne tremble plus...

ARTHUR, bas.

Denise!... moi qui voulais vous parler en particulier...

DENISE.

Je ne suis pas venue ici pour parler, mais pour danser... pourtant, comme on peut faire les deux choses à-la-fois... vous me parlerez en dansant... et puis vous savez que je ne dois pas rester long-temps... J'ai promis à ma tante de rentrer avant minuit... le bal de la rue des Martyrs, où elle me croit allée, finit à cette heure-là.

ARTHUR.

Quoi! vous partiriez aussitôt?...

ALFRED, à part.

Voilà le pari de ce pauvre Arthur bien aventuré...

(Musique du bal.)

DENISE.

Tenez, tenez... voilà la contre-danse qui commence...

AIR: Ah! quel charmant pays! (CAMARGO.)

J'vais voir ce bal paré
Que j'ai tant désiré;
J'vais voir ce bal paré
Que j'ai tant désiré.

Bell's dam's élégantes,
Brillantes,
Qui fait's tant de jaloux,
J'vais prendre model' sur vous.
Chez Desnoyers, à la Courtille,
Au P'tit-Moulin, au Grand-Vainqueur,
Là, tous les dimanches je brille,
Et je fais battre plus d'un cœur.
Quand j'entre aujourd'hui dans l'grand monde,
J'voudrais entendr' dire à la ronde,
Par tous les danseurs qui sont là :
La belle fille que voilà!

J'vais voir ce bal paré
Que j'ai tant désiré, etc., etc.

ARTHUR.

Denise, encore un instant.

DENISE.

Mais venez donc, milord... vous allez me faire manquer la chaîne anglaise...

(Elle le prend par la main; et ils sortent avec Alfred sur une musique vive et joyeuse.)

SCÈNE VII.
ROBERT, SAVIN.

(Ils ont l'habit de la grande tenue et le casque en tête.)

ROBERT, arrivant furtivement par la porte qu'Alfred a laissée ouverte.

Viens donc par ici... Pour être de planton, il n'est pas défendu de s'amuser...

SAVIN, entrant avec précaution.

Tiens! nous voilà quasi dans le bal des Anglais...

ROBERT.

Oui... entends-tu les crins-crins? s'en donnent-ils, s'en donnent-ils, les goddems!...

SAVIN.

Et dire que ça danse comme des hommes naturels... comme toi zé moi...

ROBERT, faisant un pas.

Oh!... quand je dis comme nous... je leur en souhaite... Tiens, Savin, regarde un peu ce pas de six sous...

(Il danse.)

SAVIN.

Tu veux dire *si sol*.

ROBERT.

A présent on dit *six sous*... Tiens, regarde...

(Il danse.)

SAVIN.

Et celui-là donc!... (Il danse.) Tiens... tiens... en v'là des coloquintes...

(Il bat des entrechats.)

ROBERT, l'arrêtant.

Finis donc... tu vas démolir le plancher... tu es léger comme une corniche qui tombe d'un sixième!... Tiens, viens-t'en dans le bal... je me sens tout en train pour les ronds de jambe.

SAVIN.

Dans le bal?... prends garde qu'on va nous y laisser...

ROBERT.

Nous serons censés surveiller le feu, et nous enflammerons peut-être quelque milady anglaise... ça doit prendre comme des allumettes.

SAVIN.

Te voilà bien... avec tes idées dessus le sexe... tu ne changeras donc jamais?

ROBERT.

Que veux-tu, Savin... je peux pas me corriger... O sexe enchanteur!... j'ai beau me dire: Robert, mon ami, tu aimes Denise et Denise t'adore... tu lui dois fidélité, constance... eh bien, non, mon vieux, une voix plus forte me dit là: Robert, joli pompier, mon ami, le ciel ne t'a pas créé pour une femme... mais pour toutes les femmes... Il faut suivre sa vocation... et si j'avais seulement un déguisement pour voltiger dans le bal... je serais homme à y faire un fier ravage.

(Ici Savin examine les costumes qui sont sur le divan: ils se composent de deux grandes pelisses et de deux turbans grotesques.)

SAVIN.

C'est un bal travesti... en voilà des costumes...

ROBERT.

C'est vrai, en voilà...

SAVIN.

Oui, mais il faut retourner au poste, le commandant n'aurait qu'à faire sa ronde... Tiens, c'est un habit de grand turc!

ROBERT.

Moi qui ai toujours rêvé que j'étais dans un sérail, entouré d'une foule de sultanes, et que je fumais du tabac qui sentait l'eau de Cologne.

SAVIN, le poussant.

Satané farceur, va... Mais viens-t'en, la consigne avant tout... allons, descendons... C'est dur pourtant, avec ça qu'il doit y avoir un souper.

ROBERT, mettant un grand turban.

C'est dommage, ça doit bien m'aller... un croissant en pierres fines; je dois être superbe là-dessous...

SAVIN

Tu es beau comme la lune!

ROBERT

Un pompier en grand turc! et la deuxième compagnie n'est pas là pour me présenter les armes... quelle invraisemblance!

SAVIN.

Silence! on vient.

SCÈNE VIII.
LES MÊMES; ALFRED, entrant vivement.

(Les deux pompiers qui l'aperçoivent se retirent sur le côté.)

ALFRED, à lui-même.

J'ai oublié la clef de cette porte, et notre belle peut nous échapper par-là...

(Il ferme la porte du petit escalier, prend la clef et sort sans voir les pompiers.)

ROBERT

Eh bien! le monsieur nous a fermé le passage...

SAVIN.

Merci! voilà les oiseaux dans la cage... Pour descendre, il faut traverser le bal, à présent.

ROBERT.

C'est juste, c'est ce que je voulais; je tâcherai, en passant, d'effleurer un cœur du bout de mon aile.

SAVIN.

Gros Cupidon, va!... et Denise qui te croit bien tranquille à ton poste...

ROBERT.

C'est vrai; cette pauvre Denise !... elle dort maintenant du sommeil de l'innocence...

SAVIN.

Elle rêve peut-être à toi.

ROBERT.

Tu m'y fais penser... oui, elle doit rêver que je la presse sur mon cœur... ah! ah! ah! ces pauvres femmes !...

SAVIN.

Mais dis-moi donc, je n'oserai jamais traverser le bal en uniforme.

ROBERT.

Raison de plus pour prendre chacun un costume... Tiens, entends-tu, une gigue anglaise?...
(L'orchestre exécute en sourdine l'air des couplets suivants.)

SAVIN.

J'ai dix ans de service, je sais ce qui nous attend ; nous allons pincer nos quinze jours de salle de police.

ROBERT.

C'est égal, il n'est pas défendu de s'amuser ; c'est même ordonné par la charte de Cythère, et vive la charte !

Air du vaudeville de Colalto.

Au bal des Anglais,
En bon drille
Il faut que je brille !
Au bal des Anglais
Je suis sûr de faire mes frais.

J'invite un' beauté
Pour faire ensembl' la chaîne anglaise ;
Sans difficulté
Ell' devient ma propriété :
La légèreté
Que je montre la rend bien aise...
Près d'un' milady
faut être bien dégourdi.

ENSEMBLE.

Au bal des Anglais, etc., etc.

DEUXIÈME COUPLET.

SAVIN.

Le souper vraiment
Est une invention divine ;
Il est tout-puissant,
Et souvent j'y pense en dansant.
Tolbecque est charmant,
Mais j'aime mieux un' galantine ;
Au galop d' Musard
Je préfère un filet d' canard !

ENSEMBLE.

Au bal des Anglais, etc., etc.

SAVIN.

Où allons-nous nous habiller ?

ROBERT.

Tiens !... derrière ce rideau... c'est l'affaire d'une mi-minute...

(Ils prennent le paquet de costumes et passent derrière le rideau.)

SCÈNE IX.

LORD GALBY, ALFRED ; ROBERT et SAVIN, cachés et s'habillant derrière le rideau.

LORD GALBY, entrant avec Alfred.

Comment, monsieur Alfred, cette belle dame de la halle, qui danse avec Arthur et fait l'admiration du bal, serait ?...

ALFRED.

La jeune veuve elle-même.

LORD GALBY.

J'en étais sûr !...

ALFRED.

Rien ne peut échapper à votre sagacité, milord.

LORD GALBY.

Rien.

ALFRED.

Oui... l'aimable comtesse de Saint-Ferrand, qui a pris ce costume pour mystifier un peu notre jeune étourdi et le faire rougir de ses vulgaires amours.

LORD GALBY.

Je comprends... mais c'est une idée charmante, qui rendra peut-être sir Arthur à la raison... Je veux la remercier après la contredanse...

ALFRED, à part.

Diable !... (Haut.) Elle veut garder l'incognito jusqu'à la fin du bal... elle m'avait proposé de m'associer à cette comédie en m'habillant en' fort de la halle... pour la seconder.. mais j'ai craint de fâcher ce pauvre Arthur, qui me paraît vivement épris de son écaillère...

LORD GALBY.

C'est juste.

ROBERT, sortant sa tête de derrière le rideau.

Qu'est-ce qui parle d'écaillère ? (Apercevant lord Galby.) Oh! un ancien !...
(Il rentre sa tête.)

ALFRED.

Eh ! mais, je ne crois pas me tromper... il y a quelqu'un derrière ces rideaux... (Il va les ouvrir, on voit les deux pompiers en robe de chambre turque et coiffés avec des turbans.) Que font là ces deux superbes Turcs ?... on dirait de deux enseignes de marchand de cigarres.

SAVIN, à Robert.

Nous v'là gentils !

ROBERT.

Tais-toi !

LORD GALBY, riant.

Ah! ah! ah! attendez donc... oui... je reconnais les costumes... (A Alfred.) Est-ce que ce serait déjà les fils de mon banquier de Munich ?... plus de doute, ce sont eux...

SAVIN, à part, à Robert.

Oh ! nous sommes perdus !

ROBERT.
Tais-toi donc!

ALFRED, riant.
Comment? c'est là mener Richebourg et mener Lingostal, ces jeunes Allemands dont on parle tant?

ROBERT, à part.
O... la bonne idée!... (A Savin.) Dis comme moi... (Haut.) Ya... ya, mener... ya, ya...

SAVIN.
Ya... ya, mener...

LORD GALBY.
J'en étais sûr!... Messieurs, soyez les bienvenus... on n'attendait plus que vous... je vous ai annoncés à tous nos amis, comme les plus aimables jeunes gens de l'Allemagne.

ROBERT.
Ya, mener...

SAVIN.
Ya... ya, mener.

ALFRED.
Ah!... charmant, d'honneur!... On nous a dit que mener Richebourg sur-tout possédait plusieurs arts d'agrément... qu'il avait une voix délicieuse...

ROBERT.
Ya, mener.

SAVIN.
Ya, mener.

ALFRED.
Au dessert, après le souper, j'espère qu'il voudra bien nous faire entendre une chanson de son pays.

ROBERT.
Ya, mener.

SAVIN.
Ya, mener... (Bas, à Robert.) Chante pour les enfoncer tout-à-fait.

ROBERT, bas.
Tu as raison... (Haut.) Che fous chanterai une chanson qui avre fait fureur à Munich... et che fais fous en donner un échantillon...

LORD GALBY.
Comment, déjà! mais c'est délicieux!

ROBERT.
AIR allemand (paroles et musique de M. Lhérie).

Vils ton spatsiren (bis.)
 Gehen
  Prout! (bis.)
Tra, la, la, la, brout, erout,
Tra, la, la, la, la, klipf, kaf, chlaf.
Hou! hou! hou! hou!
 Freitag,
 Mittag
 Freiiiii... tag,
  Prout!

DEUXIÈME COUPLET.

Jeh libe meine
 Meiter
  Prout! (bis.)
Ich libe meine

Frater
 Prout! (bis.)
Tra, la, la, la, la, la, brout, erout,
Tra, la, la, la, la, la, klipf, kaf, chlaf.
Hou! hou! hou! hou!
 Freitag,
 Mittag
 Freiiiii... tag,
  Prout!

ALFRED.
Vous avez une voix charmante!

LORD GALBY.
Une voix qui porte à l'ame. Maintenant que vous êtes costumés, vous allez passer dans notre bal; vous y valserez, vous y trouverez des connaissances, et puis vous devez avoir besoin de vous rafraîchir?

ROBERT.
Ya, ya, mener! rafraîchir nous.

SAVIN.
Ya, ya, mener.

LORD GALBY.
En attendant le souper.

SAVIN, bas à Robert.
Le souper! allons-nous tomber dessus!

ROBERT, en lui donnant un grand coup de pied, à part.
Ya, ya, mener.

SAVIN.
Ya, ya, mener.

(Ici une foule de masques passent au fond dans la galerie.)

LORD GALBY.
AIR: Valse de Robin des Bois.

Que la gaîté vous accompagne!
Allez valser, c'est un plaisir
Que vous aimez en Allemagne,
Et qui réveille le desir.

(Prenant Robert.)

La valse sied bien à votre âge;
Mais elle fatigue, mon cher,
Et vous souperez bien, je gage...

ROBERT.
Ya, ya, ya, ya, ya, ya, mener.

ENSEMBLE.

TOUS LES QUATRE.

Que la gaîté { vous / nous } accompagne!
Allons / Allez } valser, c'est un plaisir
Que { nous aimons / vous aimez } en Allemagne,
Et qui réveille le desir.

(Robert et Savin vont se réunir aux masques du fond, et disparaissent bientôt.)

SCÈNE X.

LORD GALBY, ALFRED.

ALFRED, riant.
Ah! ah!... les plaisantes tournures!...

LORD GALBY.
J'en étais sûr, d'après le portrait qu'on m'en avait fait... ah! ah!

ALFRED.

On les aurait commandés exprès, qu'on n'aurait pas mieux réussi.

SCÈNE XI.
Les Mêmes, DENISE, ARTHUR.

DENISE, vivement.

Laissez-moi, milord... laissez-moi... je ne veux pas... je ne dois pas vous écouter...

ARTHUR, la poursuivant.

Denise, ma chère Denise... (S'arrêtant.) Ciel!... mon oncle!...

ALFRED, bas à Arthur.

Ne crains rien... je lui ai fait un conte...

DENISE, à part.

Son oncle!... je suis toute confuse...

LORD GALBY, à part.

C'est elle!... la jeune veuve est vraiment fort jolie... allons, mon neveu me reviendra.

DENISE, à lord Galby.

Ah! monsieur milord, vous devez me trouver bien hardie... d'avoir osé... mais votre neveu m'a tant dit que ça vous ferait plaisir de me voir...

LORD GALBY.

Je vous remercie, gentille dame de la halle, d'avoir bien voulu venir me rendre visite...

DENISE.

Ah! milord... ah! certainement, milord...

LORD GALBY, souriant.

Votre présence ici me fait le plus grand plaisir... et je suis sûr que mon neveu pense comme moi... Quel est votre état?

DENISE.

Je suis écaillère, milord... pour vous servir, si j'en étais capable.

LORD GALBY, avec gaîté.

Écaillère... j'en étais sûr... eh bien! vous nous ouvrirez des huîtres... (Riant.) Ah! ah! ah! je les aime à la folie! ah! ah!

DENISE.

Demandez à votre neveu comme je sais bien m'y prendre... Il n'y en a pas de plus habile que moi sur le pavé de Paris, je m'en vante; cent douzaines à l'heure!... aussi, je reçois des compliments de tout le monde... de milord, surtout...

ALFRED, bas à lord Galby.

On n'a pas plus de malice et d'esprit.

LORD GALBY, toujours gaîment.

Elle est charmante de naturel et de vérité.

DENISE.

Je remercie bien monsieur milord de m'avoir invitée à son bal... et si jamais il venait nous voir à la halle... je dis qu'il serait reçu comme il mérite de l'être.

ARTHUR, à part.

Je tremble!...

LORD GALBY, riant.

Ah! ah! ah!... Oui, j'irai vous voir très prochainement.

DENISE.

En entrant par la pointe Saint-Eustache, le premier parapluie, à gauche, c'est ma tante Rabillot, qu'est marchande des quatre saisons.

LORD GALBY.

Oh! la tante Rabillot! parfait! délicieux!

DENISE.

Oui, il faut venir nous voir à notre grand marché... C'est un joli quartier, milord; et ses dames sont si avenantes et si bien éduquées!...

Air d'une Marche suisse.

Gai, gai, gai, gai, gai, gai, gai,
  A la halle, morgué!
  Il faut être gai
  Et jamais fatigué;
    Une femme, oui-da,
    Sous ces piliers-là
    Quand ell' le voudra
    Toujours brillera.
Tin, tin, tin, tin, tin, tin, tin,
  Le p'tit verr' le matin
  Est d'abord de rigueur,
  Il donn' de la vigueur
  Et réchauffe le cœur;
    Allons, distillateur,
    Versez du cassis
    Ou du trois-six!...
Mais vient l'heure où l'on étale
Fruits, légum's à tous les yeux;
Toujours un' femm' de la halle
Montre ce qu'elle a de mieux!...
Sa marchandis' souvent vous affriande,
Ell' ne connaît que l' comptant,
C'est son défaut... Quand par trop on marchande,
Faut l'entendr' dire au chaland:
(Mettant les poings sur les hanches.)
Quoi, quoi, quoi, quoi, quoi, quoi, quoi,
  Vous fichez-vous de moi!
    Jamais
    Je ne surfais;
  Allons, mon p'tit Crésus,
  Point de mots superflus,
  Mettez deux sous de plus,
    Et Médor, que v'là,
    Vous port'ra ça.
(Riant bien fort.)
Ah! ah! ah! ah! ah! ah! ah!
  Chacun s' donn' le signal,
  Et notre original
  Qui n' sait pas riposter
  Ne peut plus rien ach'ter...
  Il faut le fair' val'ter;
    Quand on a du front
    Y n'y a pas d'affront.
Parlez-moi d'une commère
Qu'on n' peut pas intimider!
Qu'il lui survienne une affaire,
Vous n' la verrez pas bouder;
    En s'disputant
    Ell' lâche un protocole
      Qu'est souvent
      Bien amusant;

Mais aussitôt que la parole
   Vole,
Les bonnets en font autant...
Pan, pan, pan, pan, pan, pan, pan !
On se cogne un instant ;
Un coup d' pied, un coup d' poing
   Ne se refuse point.
Pour montrer sa valeur,
Comme une croix d'honneur,
   On port' dans l' marché
   Un œil poché !
Bien, bien, bien, bien, bien, bien, bien,
Si je ne vous dis rien
   Des amours
   Qui toujours
Chez nous sont très ardents,
C'est que, dans tous les temps,
On ne trouv' des amants
Sincères et constants
   Qu'aux Innocents ! (*ter.*)

TOUS, en riant bien fort.

Ah ! ah ! c'est charmant !

LORD GALBY.

Gentille écaillère, vous me ravissez !... (*Bas à Denise.*) Que d'obligations je vous ai !... je veux...

ARTHUR.

Venez, charmante dame, rentrons au bal... la contre-danse va commencer.

DENISE.

Oui, allons danser... mais à condition que vous ne me parlerez plus de votre amour... D'abord, je ne vous crois pas... et puis je ne dois pas y croire... (*A lord Galby.*) Milord, dites donc à votre neveu que ce n'est pas bien de vouloir tromper une pauvre fille comme moi !

LORD GALBY, à part, en riant.

Oh ! colossal !... elle ne le ménage pas.

ARTHUR.

Cruelle Denise !

ALFRED, bas à Arthur.

Et le pari ?...

ARTHUR, bas à Alfred.

Je n'en puis rien obtenir... mais le punch est là... nous verrons.

LORD GALBY.

Allez, allez, jolie écaillère, je crois que nous finirons par nous entendre... Voulez-vous me permettre de vous embrasser ?

ARTHUR, à part.

Oh ! ce pauvre oncle !

DENISE.

Plutôt deux fois qu'une, milord ; car c'est bien de l'honneur pour moi.

(*Elle se laisse embrasser par lord Galby.*)

SCÈNE XII.

LES MÊMES, Mme RABILLOT.

(*Mouvement dans la galerie du fond.*)

MADAME RABILLOT, entrant au moment où l'on embrasse Denise.

Eh bien ! ne vous gênez pas !... Comment, Denise !...

DENISE, à part.

Ma tante !

ARTHUR, de même.

Tout est perdu !

MADAME RABILLOT.

Se laisser embrasser ainsi !

LORD GALBY, surpris

Que veut dire ceci ? Quelle est cette femme ?...

ALFRED, bas à lord Galby.

C'est une baronne déguisée.

LORD GALBY.

Une baronne !...

MADAME RABILLOT

Ah ! je te trouve donc ici... On ne m'a pas trompée... Nous allons compter ensemble.

ALFRED, à part, à lord Galby.

Vous ne devinez pas ?... La comédie continue... C'est pour dégoûter Arthur... On va lui faire voir toute la famille de l'écaillère.

LORD GALBY, avec joie.

Vraiment !... Ah ! la leçon est excellente !

MADAME RABILLOT, à Arthur.

Fi ! fi ! monsieur, c'est affreux ce que vous faites là, de débaucher une jeunesse qui va bientôt se marier pour tout de bon.

LORD GALBY, à part.

Elle joue son rôle à merveille, la vieille baronne !

MADAME RABILLOT.

Mais je veux parler à votre respectable oncle, le milord... Il m'écoutera, il me fera rendre ma nièce.

LORD GALBY, riant toujours.

Ah ! ah ! ah !... mes chères dames... votre caquet est fort divertissant... mais vous manquez au bal... D'ailleurs vous n'avez que peu de contre-danses à danser avant le souper... et je ne veux pas vous en priver... Tenez, voilà justement le galop qui va commencer.

MADAME RABILLOT, en colère.

Je ne suis pas venue ici pour danser le galop... gros magot !

LORD GALBY, enchanté.

Gros magot ! oh ! surnaturel !

MADAME RABILLOT

Et toi, ma nièce, tourne-moi les talons, et détalons.

DENISE, prenant le ton grivois.

Tiens... est-ce que vous croyez que je veux quitter le bal avant le jour ?... plus souvent !... Je m'amuse honnêtement... poliment et gentiment... et ça me va... Ta, ta... vous êtes la sœur de mon père... possible... mais je suis majeure, et je veux me divertir jusqu'à l'aurore, tante que j'adore... Si vous partagez nos jeux, vous serez ma tante tant mieux... et si vous venez effaroucher les ris, vous serez ma tante tant pis.

MADAME RABILLOT.

Tant pis, toi-même ! péronnelle !... Tu n'es

que ma nièce, je m'en vante; mais si tu étais ma fille!...

LORD GALBY, riant.

Ah! ah!... elles sont très amusantes toutes les deux... Combien je regrette que cette scène ne se passe pas dans le bal! tout le monde les applaudirait.

(Ici tous les danseurs entrent de tous les côtés.)

DENISE.

Tenez, vous avez tort, ma tante; je vous aime, je vous respecte, mais je veux encore aller danser.

CHOEUR GÉNÉRAL.

AIR : A Versailles (CAMARGO).

A la danse! (bis.)

DENISE.

Toujours la danse
Fera d'avance
D'impatience
Battre mon cœur.
Pour mon bonheur,
Avec ardeur,
Chacun m'engage;
Chaque danseur,
Chaque valseur
Me rend hommage!...

Toujours la danse, etc., etc.

TOUS.

A la danse!... (bis.)

(Après le morceau, les danseurs sortent tous par le fond, ayant Denise à leur tête, et lord Galby, qui donne la main à la belle écaillère.)

SCÈNE XIII.

Mme RABILLOT, seule.

C'est une indignité!... c'est une horreur!... Éduquez donc la jeunesse à votre image, inculquez-lui toutes les vertus... voilà l'usage qu'elle en fait!... Mais ça ne se passera pas comme ça... Je n'ai pas stylé Denise pour des milords... Ah! si Robert savait oùsqu'est sa prétendue à l'heure qu'il est!...

(Elle remonte la scène.)

SCÈNE XIV.

Mme RABILLOT, ROBERT, SAVIN.

(Ils entrent vivement.)

SAVIN.

Je te dis que c'est Denise.

ROBERT.

Je te dis que non.

SAVIN.

Je l'ai reconnue à sa beauté évangélique.

ROBERT.

Ce n'est pas une preuve convaincante, Savin... Le monde de Paris est rempli de jolies femmes... qui se ressemblent du plus ou du moins.

MADAME RABILLOT, à part.

Ah! mon Dieu, je ne me trompe pas... c'est Robert!

SAVIN.

Mais je te dis...

ROBERT.

Est-il entêté!... il vient me déranger quand j'étais en train d'inviter une grande Anglaise à valser... Tu dis que tu as vu Denise dans ce bal?... que diable y viendrait-elle faire?

SAVIN.

Pardine!... ce que tu y fais de ton côté... des traits... des horribles traits... au nœud conjugal, qui vous attend mutuellement au vis-à-vis l'un de l'autre.

ROBERT.

Tu bats la campagne... Denise dort maintenant comme une marmotte. Je suis sûr de sa vertu... Que je la trompe... possible... mais qu'elle me trompe... incroyable!

MADAME RABILLOT, s'avançant.

C'est pourtant la vérité véridique, monsieur Robert.

ROBERT.

Madame Rabillot!

SAVIN.

D'oùsque diable qu'elle sort, la frutière?... Si c'était le samedi, je dirais qu'elle vient du sabbat.

ROBERT.

Silence!... Tante Rabillot, Denise est donc ici?

(Il ôte son turban et sa pelisse qu'il jette sur un fauteuil.)

MADAME RABILLOT.

Oui, elle y est, et c'est le ciel qui t'envoie pour sauver ta prétendue. Elle est sage encore, vois-tu... j'en mettrais ma main au feu... mais si elle reste ici jusqu'à demain...

ROBERT.

Denise est ici, et ce n'est pas vous qui l'avez amenée?

MADAME RABILLOT.

Eh! non, non! ce n'est pas moi! je la croyais au bal avec sa cousine Fanchette; mais, comme j'allumais mon rat de cave chez la portière, v'là François, le garçon marchand de vin, qui arrive tout essoufflé, et me remet cette invitation qu'il avait trouvée dans le panier de Denise.

(Elle lui remet la lettre d'Arthur.)

ROBERT.

C'était donc vrai!... Denise est dans ce bal!

MADAME RABILLOT.

Ce n'est pas à cette jeunesse qu'il faut s'en prendre... c'est à ces milords qui lui font croire tout ce qu'ils veulent.

ROBERT.

C'est impossible... elle ne les croit pas... elle ne les écoute pas; elle n'écoute que moi..

SAVIN.

Elle est ici, pourtant, et c'est une preuve...

ROBERT.

Ce n'est pas une preuve convaincante... Elle y sera venue par hasard... Denise m'aime... elle va devenir ma femme... elle ne peut pas me tromper.

SAVIN.

Elle a sa vocation, comme toi la tienne.

ROBERT.

Sa vocation est de m'adorer... elle me l'a dit... je l'ai cru... et si jamais...!

MADAME RABILLOT, à part.

Il me fait frémir, à présent... Oh! je n'aurais peut-être pas dû lui dire...

ROBERT.

Eh bien!... eh bien!... vous restez là, immobiles comme des bûches que vous êtes... Elle est ici... dans ces salons... parmi ces riches milords, qui achètent l'innocence des filles et qui marchandent l'honneur des maris... et vous n'allez pas la chercher... vous, sa tante, vous!... Il faut donc que j'y aille, moi!...

(Il fait un mouvement.)

MADAME RABILLOT.

Non... vous n'irez pas... Je vas la rejoindre, et vous l'amener; elle s'expliquera... Il faut l'entendre, cette fille... Elle est un peu coquette, voyez-vous; mais elle est sage... j'en réponds comme de moi-même... je garantis sa vertu comme la mienne...

ROBERT.

C'est pas une preuve convaincante... mais ça ne fait rien... amenez-la... Vous voyez, mère Rabillot... je suis tranquille... Oh! mais, allez la chercher, car v'là mon sang qui commence à bouillir.

MADAME RABILLOT.

Calmez-le, monsieur Savin, calmez-le... je vais revenir ici avec elle... Ah! mon Dieu! mon Dieu! qu'est-ce que tout ça va devenir?...

(Elle sort.)

SCÈNE XV.

SAVIN, ROBERT.

ROBERT.

Je n'en reviens pas!... la prétendue de Robert au bal des Anglais!

(Il se promène; Savin le suit; il a gardé son costume turc.)

SAVIN.

Te v'là comme M. Talma dans M. Othello...

ROBERT.

C'est de la lave du Vésuve qui me coule maintenant dans les veines!

SAVIN.

Écoute, Robert, j'ai dix ans de service; j'ai éteint deux fois le feu de l'Odéon, le feu du Bazar, le feu de Bercy...

ROBERT.

Où veux-tu en venir?

SAVIN.

A te dire que la colère gâte tout, et ne fait pas de bonne besogne.

ROBERT.

J'entends du bruit; v'là la tante qui l'amène.

SAVIN.

Non... ce n'est pas encore elle... C'est du punch qu'on apporte... je le reconnais à sa flamme bleue.

ROBERT.

Cachons-nous là pour tout voir... Il me faut une preuve, une preuve convaincante.

SAVIN.

Sur-tout pas d'esclandre! songe que nous sommes de service, et qui pourrait nous arriver quelque malheur.

ROBERT.

Je me maintiendrai; je te le promets.

SAVIN.

Parole d'honneur?

ROBERT.

Parole d'honneur!... Je veux tout entendre.

SAVIN.

Aussi bien je serai là pour te contenir. Viens vite.

(Ils se cachent derrière le rideau-portière.)

SCÈNE XVI.

Les Mêmes, ARTHUR; deux Valets, apportant un plateau sur lequel brûle un grand bol de punch.

ARTHUR.

Par ici!... par ici!

(Il leur montre la table.)

SAVIN, bas.

Dis donc, c'est du rum qui brûle... Je voudrais bien pouvoir l'éteindre, celui-là.

ROBERT.

Silence! et observons tout.

SCÈNE XVII.

Les Mêmes, DENISE.

(Arthur va au-devant d'elle.)

DENISE, entrant.

Air de M. Hormille.

Que de plaisir! que de bonheur!
Ah! que ce bal est enchanteur!

ARTHUR, lui offrant du punch.

Prenez cela, ma tendre amie.

DENISE, dans le délire.

Ah! laissez-moi, je vous en prie...
Que de plaisir! que de bonheur!
Ce bal est enchanteur,
Ah! que ce bal est enchanteur!

Je viens de prendre du punch, des glaces, je suis tout étourdie.

ACTE II, SCÈNE XVII.

ARTHUR, à part.

Voici le moment de la décider. (Haut.) Chère Denise, reposez-vous un instant... là...

DENISE se place sur un fauteuil.

Vous m'avez rendue bien heureuse aujourd'hui... O le joli bal!... la belle fête!... Je n'en reverrai jamais une pareille!

ARTHUR.

Que dites-vous!... Il n'y aura pas de fête brillante dans mon hôtel... sans Denise... sans la divinité qui peut seule embellir ma vie.

DENISE.

C'est donc bien vrai... vous m'aimez?

ARTHUR.

Si je vous aime!... si je vous aime!... mais vous seule en doutez... tout Paris connaît déjà mon amour pour vous.

ROBERT, à part.

Son amour!

SAVIN.

Tais-toi!

DENISE.

En vérité!... tout Paris le connaît!... Un joli cavalier comme vous...

ARTHUR, très pressant.

Chère Denise!

DENISE, se levant vivement.

Monsieur Arthur, n'abusez pas de votre empire sur le cœur d'une pauvre fille... dont tout ici a troublé la raison... Oh! oui, laissez-moi! laissez-moi!... Je sens là qu'il m'arriverait malheur.

ARTHUR.

Denise!... Denise!... vous me disiez tout-à-l'heure... que vous désiriez revenir dans cet hôtel.

DENISE.

J'y reviendrai... si vous êtes sage.

ARTHUR.

Si vous voulez m'en croire, vous n'y reviendrez pas.

DENISE.

Comment?...

ARTHUR.

Vous n'en sortirez plus!

(Il se met à genoux.)

DENISE.

Arthur!...

ARTHUR, avec passion.

Je vous ai offert ma main, mon nom, ma fortune... ne me refusez pas... Le comte Arthur sera fier de montrer à son pays une femme aussi digne de lui.

DENISE.

Oh! ne dites pas cela, monsieur Arthur, vous achèveriez de me faire perdre le peu de raison qui me reste encore.

ARTHUR.

Vous céderez, Denise; vous consentirez à embellir ma destinée... Il faut que vous soyez à moi ou que je meure!

DENISE.

Laissez-moi!... oh! laissez-moi!...

ROBERT, à part.

Elle résiste!

DENISE.

Vous épouser!... vous épouser!... vous, si riche... si grand!... Oh! sans doute, ce serait un beau rêve!... mais il n'est pas fait pour moi... il ne peut pas se réaliser.

ARTHUR.

Vous voulez donc ma mort?

DENISE.

Votre mort!... oh! non... vous êtes trop aimable!

ARTHUR.

Eh bien! Denise, écoutez la résolution que j'ai prise. Voici mon appartement... qui sera le vôtre un jour...

DENISE.

Le mien!... C'est si beau ici!

ARTHUR.

Le bal va finir... Je vais vous attendre là... chez moi... chez vous, si vous dites un mot... J'ai fait dresser une promesse de mariage... nous la signerons tous deux... mais le mariage... nous irons le conclure en Angleterre, où je serai fier de vous présenter à ma famille, à mes nobles amis.

DENISE.

Ils rougiront de moi, peut-être?...

ARTHUR.

Rougir de vous!... Ah! n'en doutez pas, il n'y a pas un de nos milords qui ne fût fier de vous donner son nom, et pas un, en épousant une femme d'une condition au-dessus de la vôtre, n'a eu le même bonheur que moi... Acceptez, Denise, ou le désespoir m'emportera... car la promesse de mariage est là... sur ma boîte de pistolets.

DENISE.

Grand Dieu!

ARTHUR.

Vous êtes émue, attendrie... Chère Denise... venez... suivez-moi... et que ce soir une chaîne éternelle...

(Il veut l'entraîner.)

DENISE.

Je ne veux pas! je ne veux pas! (Elle court à la porte.) Dieu! la porte est fermée!

ARTHUR

Cruelle!... Ah! je le vois, vous doutez de la sincérité de mes discours... Eh bien! c'est à vous de décider de mon sort... Je vais vous attendre là!

DENISE.

Monsieur Arthur!

ARTHUR.

Mais comme je ne veux pas que vous puissiez croire que la moindre idée de contrainte est entrée dans mon âme, voici la clef de cette porte. (Denise la prend vivement sans parler.) J'ai là mes armes ; vous pouvez me fuir, m'abandonner... je vous y engage même ; puisque je suis assez malheureux pour ne pas vous plaire ; mais, en descendant cet escalier qui va nous séparer pour toujours, prêtez un instant l'oreille, Denise, et vous apprendrez comment sait aimer un Anglais.

(Il sort.—Pendant toute cette scène, Savin a retenu Robert.)

SCÈNE XVIII

DENISE, ROBERT, SAVIN.

(Musique douce jusqu'à la fin.)

DENISE, la clef à la main.

Arthur ! M. Arthur !

ROBERT, bas à Savin.

Savin, l'embrasement est sûr, un pompier s'y connaît.

(Ils quittent leur cachette, et se tiennent au fond.)

DENISE, dans un grand délire.

Comtesse !... moi, comtesse !... ce doit être un grand bonheur. Mais que je suis folle d'écouter de pareilles idées !... Ah ! partons, partons, et retournons à mon étalage d'écaillère, où je suis aimée, estimée... où Robert m'attend peut-être. Depuis que je suis ici, c'est la première fois que je songe à lui... Mon ami, pardonne, pardonne un moment d'erreur... Je suis à toi, à toi pour toujours... et Denise ne veut être qu'à toi. Allons, puisque j'ai la clef de cette porte... courage !

(Elle va à la porte de gauche.—La musique du bal recommence sur la ritournelle du morceau d'entrée de la scène dix-sept.) Ils dansent encore !... Et ce bal... ce monde brillant... quand je serai la femme de Robert, je n'y reviendrai plus.... (Elle s'arrête.) Que vais-je faire ? ma tête tourne... je suis tout étourdie... je chancelle... et personne, personne pour me sauver !... Ah ! Robert ! Robert ! où donc es-tu ?...

ROBERT, se montrant.

J'étais là, je t'écoutais.

DENISE.

Robert ici !... grand Dieu ! Partons ! partons, mon ami !

ROBERT.

Oui, quittons ces lieux.

DENISE, avec délire.

Emmène-moi.

ROBERT.

Si je restais plus long-temps, j'y ferais quelque malheur. Denise, nous avons un compte ensemble, que nous réglerons plus tard ; partons !

(Il l'emmène ; Savin les suit.)

SCÈNE XIX.

LES MÊMES ; ARTHUR et ALFRED ; ils arrivent subitement par le côté opposé.

ARTHUR, en regardant partir Denise.

Denise ! Denise !

ALFRED.

Arthur, tu as perdu ton pari.

(Tous les danseurs paraissent au fond, en dansant un galop, et le rideau baisse sur un tableau très animé.)

ACTE TROISIÈME.

Une chambre à coucher, meublée à neuf avec assez d'élégance. Lit au fond, au milieu d'une alcôve ornée de rideaux blancs. De chaque côté de l'alcôve, un cabinet avec un œil-de-bœuf. Au deuxième plan, à droite, une armoire à glace. Portes de chaque côté.

SCÈNE I.

LORD GALBY, assis ; Mme RABILLOT, debout près de lui.

MADAME RABILLOT.

Vrai, milord, vous faites bien les choses quand vous vous en mêlez : des meubles d'acajou, des fauteuils, des glaces !... et tout ça appartient à Denise, et tout ça est la propriété de ma nièce ?... Je le répète, de l'acajou, ça me passe ; du noyer, c'était déjà bien gentil.

LORD GALBY.

Vous êtes une bonne femme ; vous avez bien voulu entrer dans mes idées, et je vous en remercie... Je n'oublierai de ma vie le service important que mademoiselle Denise m'a rendu de si bonne grâce ; elle aurait pu profiter de l'empire qu'elle avait sur mon neveu.

MADAME RABILLOT.

Ah ! c'est sûr que c'est un beau trait ! Avec ça que les jeunes filles ont souvent des idées d'ambition, et puis votre neveu en perdait la tête... C'est qu'il l'aurait épousée ni plus ni moins que si c'eût été une milady.

LORD GALBY, à part.

C'était bien là ce que je craignais.

MADAME RABILLOT.

Je dois vous dire aussi qu'elle l'aimait, depuis c'te visite dans ce grand bal où vous nous avez prises toutes les deux pour ce que nous n'étions pas.

LORD GALBY.

Je n'oublierai jamais cette soirée... Aujourd'hui toutes mes craintes sont dissipées.

(Il se lève.)

MADAME RABILLOT.

Et puis Robert lui a fait une scène le jour du bal en question ; mais tout ça s'est raccommodé plus tard : maintenant il en est comme un fou.

LORD GALBY.

Ils sont maintenant à la mairie?

MADAME RABILLOT.

Oùsque je les ai laissés à l'arrivée de monsieur le maire avec son écharpe... Ils vont parapher leurs signatures, et pendant ce temps-là, moi, je me suis dit : « Allons m'occuper du festin... je ne sais pas signer, il faut bien que je fasse queuqu' chose. »

LORD GALBY.

Et vous leur avez fait entendre que c'était vous qui donniez à votre nièce tout ce qu'il y a ici ?

MADAME RABILLOT.

Je le crois bien ! sans ça, Robert n'aurait jamais accepté... je leur z'ai dit que c'était de mes épargnes, et ça va me faire un fier honneur dans le quartier. Un petit appartement complet, avec les quittances du loyer payé pour trois ans, et des meubles superbes! jusqu'à une armoire à glace oùsque l'on peut se voir des pieds à la tête... C'est trop beau pour nous, vrai !

LORD GALBY.

Rien n'est trop beau pour Denise ; c'est la récompense de sa vertu.

MADAME RABILLOT.

Ah! que vous avez donc bien fait d'éloigner votre neveu !

LORD GALBY.

Il est à Londres pour des intérêts de famille, et j'ai su mettre à profit son absence en vous engageant à conclure promptement le mariage de votre nièce... Un homme dévoué, dont j'étais sûr, s'est chargé de faire meubler cet appartement, et je vois qu'il a bien rempli mes intentions.

MADAME RABILLOT.

M. Williams est venu hier m'apporter les clefs des portes et des meubles, mais il a oublié celle de c'te belle armoire.

(Elle montre l'armoire à glace.)

LORD GALBY.

Je vais lui en parler ; vous ne pouvez vous en passer, car c'est là, sans doute, que mademoiselle Denise... je veux dire madame Robert... va déposer sa robe nuptiale et ses atours de fiancée.

MADAME RABILLOT.

O la belle robe, le beau voile et les belles dentelles !... On dirait d'une princesse... Ses amies de la halle, Julie, Joséphine, Françoise, n'en revenaient pas à ce matin en la regardant mettre tout ça. Eh bien, voyez pourtant, en se parant de toutes ces belles choses, la pauvre enfant était plus triste que de coutume.

LORD GALBY.

Avant de me retirer, madame, j'ai encore un engagement à remplir... c'est, je crois, le principal. — J'ai promis une dot... (Il tire un portefeuille.) Dix mille francs.

MADAME RABILLOT.

Dix mille francs !

LORD GALBY.

Je sens que ça n'est pas trop payer le sacrifice de votre nièce... N'oubliez pas sur-tout que c'est vous qui donnez tout cela, que cet argent est le vôtre, que vous l'avez mis de côté pour elle...

MADAME RABILLOT.

Toujours la même frime. Je suis généreuse à bon marché.

LORD GALBY.

Adieu, madame ; tout est fini entre nous, car nous ne sommes pas destinés à nous revoir... Pourtant, si vous aviez plus tard besoin de mes services pour le bonheur des jeunes mariés ou pour le vôtre...

MADAME RABILLOT.

Ah! monsieur milord, je ne suis qu'une femme du petit monde; mais si jamais vous aviez aussi besoin de moi...

LORD GALBY.

Adieu ! adieu !

(Il lui tend la main et sort sur une musique douce.)

SCÈNE II.

Mme RABILLOT, seule.

En v'là-t-il un brave homme !... Donner dix mille francs et vous mettre dans vos meubles pour repousser un amoureux !... il y en a plus d'un qui vous donne moins que ça pour le recevoir. Quand je pense à ma pauvre Denise !... elle aurait pourtant pu devenir une grande dame comme tant d'autres... elle n'avait qu'à se prononcer, c'était une chose faite... La semaine passée, elle me disait encore, en me parlant de M. Arthur : « Je l'aime, ma tante, je l'adore... » Moi, je lui disais : « T'as tort, mon enfant, tu te feras du mal pour rien. »

AIR : Faut l'oublier.

Faut l'oublier sans plus attendre ;
J' sais ben qu' c'est un garçon charmant ;
Mais faut fair' comm' moi, mon enfant ;
A vingt ans je savais m'y prendre.
Les amants se mettaient en frais,
En v'nant, d'un' façon bien polie,
M'offrir des cadeaux, des bouquets ;
Malgré tout ça, ma chère amie,
Quand il l' fallait, j' les oubliais. (bis.)

Mais j'entends monter; c'est notre monde qui revient. Dieu de Dieu, sont-ils joyeux !...

SCÈNE III.

Mme RABILLOT, ROBERT, DENISE, en jolie toilette de mariée ; SAVIN, JULIE, DEUX POMPIERS et DEUX FEMMES DU MARCHÉ, avec des bouquets et des gants blancs.

(Ils entrent par la droite.)

CHOEUR GÉNÉRAL, en entrant.

AIR : Je tremblais (du TRIOLET BLEU).

Chantons tous (*bis*.)
L'hymen qui fait tant d' jaloux !
Chantons tous
Le bonheur de deux époux !

JULIE, à Denise.

Je suis ta d'moisell' d'honneur,
Aussi faut que je m' signale ;
Ça doit te porter bonheur,
On sait c' que j' vaux à la halle.

SAVIN, à Robert.

Je suis ton premier garçon ;
Je veux dans ce jour propice
Chanter, boire à l'unisson...
Mon cher, j'ai dix ans d' service.

LES HOMMES, levant leurs chapeaux.

Vive Robert !

LES FEMMES.

Vive Denise !

REPRISE DU CHOEUR.

Chantons tous
L'hymen qui fait tant d' jaloux ! etc., etc.

ROBERT.

Tante Rabillot, vous revoyez vos enfants chargés de la bénédiction municipale de monsieur le maire, assisté de ses deux adjoints.

MADAME RABILLOT.

V'là donc la première formalité remplie, ma bonne Denise !

DENISE, avec une légère contrainte.

Oui, ma tante.

ROBERT.

Nous allons, si vous le permettez, nous rafraîchir, et ensuite nous rendre chez monsieur le curé pour la seconde formalité.

JULIE.

Soyez bien tranquille, nous ne sommes pas en retard.

ROBERT.

En sortant de l'église, nous viendrons dire bonjour au repas de noce et savourer la troisième formalité ; à huit heures, bal à grand orchestre, quatrième formalité ; et quant à la cinquième et dernière... (Regardant Denise.) c'est moi qui m'en charge...

AIR de Céline.

A ma Denise je veux plaire,
Je viens de recevoir sa foi ;
Je sais ce qu'il me reste à faire,
Cela ne regarde que moi.
Quand en ce jour mon bonheur est extrême,
J' veux mériter le choix de la beauté,
Et lui prouver combien je l'aime...
Pour la cinquièm' formalité. (*bis*.)

MADAME RABILLOT.

Il a toujours queuqu' chose de joli à dire, ce Robert.

ROBERT.

Si vous aviez pu voir-tout-à-l'heure comme on la regardait à la mairie avec cette toilette-là... J'ai entendu plus de vingt fois répéter : « V'là une mariée qui est joliment gentille ! »

JULIE.

Et on avait raison. C'est que ça lui va bien, tout d' même.

DENISE.

Tous ces compliments-là s'adressaient un peu à cette belle robe, au joli cadeau de ma tante ; car c'est à elle que je dois tout ça.

ROBERT.

C'est vrai, tante Rabillot ; nous n'oublierons jamais les innombrables surprises que vous nous ménagiez.

MADAME RABILLOT.

C'est bon, c'est bon, mes enfants ; ne parlons pas de ça... Ma nièce a été sage, vertueuse, je lui devais une récompense.

ROBERT.

Pour la vertu, j'en ai toujours répondu, et je me souviendrai long-temps de sa résistance chez ce freluquet d'Anglais.

DENISE.

Robert, Robert, vous oubliez nos conventions, mon ami.

ROBERT.

Ah ! c'est vrai ; mais c'est plus fort que moi... Nous sommes convenus, je crois...

DENISE.

Que cette journée vous sortirait de la mémoire, que vous n'en parleriez jamais.

ROBERT.

Convenu... c'est la dernière fois, chère amie ; quand ça me revient, c'est malgré moi... Je me dis : « Résister comme ça à un richard, si ce n'est pas là de la vertu, ma foi... »

DENISE.

Eh bien !...

ROBERT.

Convenu... c'est la dernière fois...

UN CONVIVE.

V'là du vin !

SAVIN.

En avant les verres, et buvons un coup avant de partir pour Saint-Eustache, où tous les amis nous attendent.

JULIE, prenant la bouteille.

Donnez, que je vous verse à tous.

(Elle verse dans les verres.)

SAVIN.

C'est Jean-Pierre Savin, pompier fini, qui est destiné à tenir le poêle à la paroisse, et à donner la main à mademoiselle Julie Bernard la plus jolie petite marchande d'oranges du marché des Innocents... Hein! quel tableau d'histoire ça va faire!

MADAME RABILLOT.

Ah ça, vous savez que les comestibles sont commandés, et que le repas sera prêt à votre retour.

ROBERT.

Bravo! tante Rabillot.

MADAME RABILLOT.

François apportera un panier de champagne pour le dessert.

TOUS LES CONVIVES.

A la santé des deux époux!
(Ils boivent.)

ROBERT.

Merci, les amis, merci! ils se porteront bien, les deux époux... Maintenant en route, reprenons nos rangs, et ne nous mêlons pas.

(Ils se prennent tous deux à deux: Robert marche avec Denise, Savin avec Julie; madame Rabillot donne le bras à un troisième pompier.)

CHOEUR GÉNÉRAL.

Chantons tous (bis.)
L'hymen qui fait tant d' jaloux!
Chantons tous (bis.)
Le bonheur de deux époux!

(Ils sortent par la droite; la musique continue en sourdine; dans ce moment, l'armoire à glace s'ouvre seule, Williams en sort le premier.)

SCÈNE IV.

WILLIAMS, ensuite ARTHUR, ALFRED.

WILLIAMS.

Ils sont tous partis... Cette porte secrète, pratiquée dans cette armoire, est invisible à tous les yeux. (Allant à l'armoire.) Messieurs... messieurs... vous pouvez entrer.

ALFRED.

C'est bien, laisse-nous.

ARTHUR.

Williams, tu vas te mettre en sentinelle dans la chambre à côté, et au moindre bruit...

WILLIAMS.

Je suis tout oreilles.

(Il va dans la chambre à droite.)

ARTHUR.

Trahison! infâme supercherie!

ALFRED.

Allons, Arthur, calme-toi, modère-toi.

ARTHUR.

Que je me calme, que je me modère, quand Denise va devenir l'épouse d'un autre! Ah! mon oncle, vous vous mêlez de mes amours pour contrarier mes projets! vous prétextez une affaire grave, vous me faites appeler à Londres, et vous profitez de mon absence pour m'enlever la femme que j'aime plus que la vie; celle qui seule peut me faire chérir l'existence!... Vous ne réussirez pas, milord; je la verrai, je lui parlerai malgré tout le monde; je sacrifierai, s'il le faut, toute ma fortune pour la posséder, et je la conduirai en Angleterre pour ne plus la quitter.

ALFRED.

Avec de la prudence tout cela peut s'exécuter; mais le trouble,... l'exaltation où je te vois...

ARTHUR.

Pourquoi donc, en mon absence, n'as-tu pas cherché à retarder ce fatal mariage?

ALFRED.

Cela m'était impossible. N'ai-je pas assez fait en te préparant l'accès de cet appartement, et n'admires-tu pas le génie de l'amitié!

ARTHUR.

En effet, je dois te remercier de ton adresse, de ton zèle... (Il lui prend la main.) Mais comment es-tu donc parvenu...?

ALFRED.

Avec de l'or on vient à bout de tout... J'ai gagné Williams, qui m'a dévoilé les projets de ton oncle et l'ordre qu'il avait reçu de faire meubler un petit appartement pour Denise... Avec de l'or j'ai fait déloger un pauvre diable qui occupait la chambre voisine; et, sur une ancienne porte de communication qui avait été condamnée, j'ai fait placer une armoire à glace qui dérobe cette entrée à tous les yeux; enfin j'ai fait partir un exprès pour t'annoncer le prochain mariage de celle qui te fera perdre l'esprit, et ce n'est pas ma faute si le mauvais temps a éloigné pendant trois jours le paquebot des côtes d'Angleterre.

ARTHUR.

Merci! cent fois merci! et je te dois...

ALFRED.

Tu ne me dois rien; dans l'occasion, n'as-tu pas fait davantage pour moi!... Cependant, je te l'avouerai, il y a deux mois, en te voyant perdre ton pari, j'étais à cent lieues de penser que cela aurait des suites, des suites qui te mèneront peut-être bien loin; car, pour cette fois, tu es tout-à-fait pris.

ARTHUR.

Je ne le dissimule pas, perdre Denise serait mon arrêt de mort... car, malgré sa fuite de l'hôtel, elle m'aime, je n'en saurais douter, et je ne souffrirai pas qu'elle soit sacrifiée... oh! non, je ne le souffrirai pas.

ALFRED.

Depuis ce bal, tu lui as fait tenir plusieurs fois des lettres?

ARTHUR.

Brûlantes de passion!

ALFRED.

Et quelles réponses?

ARTHUR.

Je n'en ai reçu qu'une qui me dévoilait son ame; une seule qui me disait de l'oublier, et ses larmes étaient empreintes sur le papier..... Cette lettre ne me quittera jamais; elle me dit assez que je dois tout entreprendre.

ALFRED.

Sois prudent, je t'en conjure.... Par cette porte, il te sera facile d'avoir une entrevue avec Denise, et si tu peux la décider.... Je vais chercher le moyen d'éloigner son mari.

ARTHUR.

Oui, il faudra l'éloigner à tout prix....

(Musique.)

WILIAMS, accourant.

Messieurs, messieurs, quelqu'un vient.... On met une clef dans la serrure de la chambre à côté.

ALFRED.

Ne nous laissons pas surprendre, rentrons vite.

(Il ouvre l'armoire et fait sortir Arthur; il sort lui-même après lui; l'armoire se ferme.)

WILLIAMS, sentant qu'il va être surpris.

Malédiction! je n'ai pas le temps de les suivre.

(Il se cache dans l'alcôve.)

SCÈNE V.

WILLIAMS, caché; FRANÇOIS, entrant par la droite.

FRANÇOIS, portant un panier garni de bouteilles de champagne.

Quand on apporte du vin, on est toujours bien reçu.... Madame Rabillot avait laissé la clef chez le portier, et le portier, en voyant ce panier de champagne, m'a fait plus de salamalec.... C'est que c'est du meilleur de chez nous... Il n'est pas fait à Paris, ce champagne-là.... Il est fait en Bourgogne.... (Se retournant et regardant de tous côtés.) Quel lusque! excusez du peu!... des rideaux à franges et des glaces sur les armoires!... C'est la chambre à coucher.... Dire pourtant que la belle écaillère, à laquelle je pense encore queuqu'fois pour mon malheur, dormira là avec le pompier!... Ils ont aussi des fauteuils.... merci!... (il se met dans un fauteuil.) et des fauteuils élastiques qui rebondissent! on se croirait sur une raquette.

WILLIAMS, à part.

Si je pouvais sortir sans être vu, pendant que cet imbécile a le dos tourné.

FRANÇOIS.

On dit pourtant que c'est la tante Rabillot qui leux y donne tout ça.... Si on voulait faire des cancans, on se rappellerait le bal des Anglais et la nuit passée avec les milords... (Il rit.) Ah! ah! ah! ah! c'est égal que les Anglais, ça ne prend rien sans le payer bien cher.

WILLIAMS, à part.

Attends, attends, je vas te prouver le contraire.

(Il s'empare du panier de vin que François a apporté.)

FRANÇOIS rit plus fort.

Ah! ah! ah! ah! ah! tais-toi donc, satané cancannier et respecte la vertu.... (Il se tient les côtés.) Ah! ah! ah! ah! une vertu qui va danser avec des Anglais!... c'est prouvé, et je crois bien que le pauvre pompier.... ah! ah! ah! (Il rit aux éclats et éternue.) Dieu te bénisse, va!... (Williams ouvre doucement l'armoire à glace et disparaît avec le panier de vin; François rit aux larmes, et entendant la porte se fermer :) Hein!... qu'est-ce qui est là?... c'est chez le voisin.... O la bonne risette que je viens de faire là.... j'en ai pleuré, quoi; c'est égal, le pompier doit être encore plus gai que moi.... il se marie aujourd'hui et moi, je reste garçon, et par état je vas être obligé de verser du nectar à mon ancien rival.... (Il se retourne.) Eh bien, où est-il donc, mon nectar?... J'avais mis mon panier là.... je suis entré avec.... est-ce que les farces de la noce sont commencées?... est-ce qu'il y aurait quelqu'un de caché dans l'alcôve conjugale?... (Il va voir.) Personne! ah! c'est bête, ces surprises-là.... Voyons, farceur, montrez-vous.... (Musique bruyante.) Par exemple, en v'là une sévère!... mais j'entends la noce, nous allons voir....

SCÈNE VI.

FRANÇOIS; ROBERT, DENISE, SAVIN, Mme RABILLOT, TOUS LES INVITÉS A LA NOCE, en toilette.

ROBERT.

La cérémonie est terminée... nous voilà bien mariés, ma Denise... tout ça s'est fait gentiment; il n'y a rien à dire.

SAVIN.

Et voilà François qui nous apporte le champagne.

ROBERT.

C'est la plus belle action qu'il a faite de sa vie...

SAVIN.

Où est-il, ton vin, que je le mette à rafraîchir?

FRANÇOIS.

Ah! pompier, je vois de quoi il retourne, c'est vous qui me l'avez caché.

SAVIN.

Qu'est-ce qu'il dit donc là?

FRANÇOIS.

Ça m'est égal, j'ai confiance : il y en avait dix bouteilles bien comptées, je viendrai chercher mon dû après le festin.

(Il va sortir.)

SAVIN.

Qu'est-ce que tu dis donc là? Écoute donc par ici, toi, marchand de tisane au litre.

FRANÇOIS.

Suffit, suffit... farceur de pompier, buvez! Buvez le champagne, je reviendrai tantôt; je ne suis pas inquiet, j'ai confiance.

(Il sort en riant par la droite.)

SAVIN.

Je ne le comprends... est-ce que le champagne manquerait à l'appel?... je vais y voir.

(Il entre dans la chambre à gauche.)

SCÈNE VII.

Les Mêmes, excepté FRANÇOIS et SAVIN.

MADAME RABILLOT.

Allons, les amis, nous allons bientôt nous mettre à table.

DENISE.

Ma tante, je ne me sens pas à mon aise, je vous demanderai la permission de rester un peu dans ma chambre.

ROBERT.

Qu'est-ce que c'est, ma Denise? tu sentirais indisposée, nous ne te quitterons pas.

DENISE.

J'ai la tête un peu fatiguée, j'ai le front tout en sueur...(Elle se place sur un fauteuil.) Je ne sais ce qui me prend en ce moment...

ROBERT.

Vite, vite, un peu d'eau de Cologne.

MADAME RABILLOT.

Il y en a sur la cheminée, de l'autre côté.

JULIE.

Je vas vous chercher ça.

(Elle sort un moment.)

DENISE.

Ce ne sera rien, ma tante.

MADAME RABILLOT.

Ma pauvre fille serait malade le jour de ses noces!... Je m'en consolerais pas.

JULIE, revenant avec un flacon.

Voilà, voilà! tiens, respire-moi ça bien à ton aise.

ROBERT.

Eh bien, comment te sens-tu

DENISE.

Déjà mieux.

JULIE.

Il faisait si chaud dans l'église; il y avait tant de monde pour vous voir marier... tout le quartier des Innocents monté sur des chaises.

MADAME RABILLOT.

Sans compter la Chaussée-d'Antin qui avait là des députations... c'était comme un mariage de prince.

ROBERT.

Tous les hommes la regardaient et toutes les femmes ne me quittaient pas des yeux.

JULIE.

Dis donc, Denise, si tu voulais un verre d'eau sucrée?..

DENISE.

Merci, je n'ai plus besoin de rien, mes bons amis...

ROBERT.

Ah!... à la bonne heure... voilà ton visage qui reprend sa vivacité... tu redeviens jolie, jolie comme toujours; mais, je dois te le dire, tu viens de me faire une peur!...

DENISE.

Bon Robert!...

ROBERT.

Dame, c'est naturel, un jour comme celui-ci... Donne-moi le bras et viens te mettre à table auprès de moi, je te soignerai, entends-tu, ma petite femme.

(Denise se lève.)

SCÈNE VIII.

Les Mêmes, SAVIN.

SAVIN, entrant.

Absent par congé, le vin de Champagne, et ce scélérat de rat de cave nous a induits en erreur.

ROBERT.

Comment, pas de champagne! qu'est-ce que François est donc venu faire ici?

SAVIN.

Il faut qu'un de nous donne un coup de pied jusque chez le marchand de vin. (A un pompier.) Veux-tu y aller, toi?

LE POMPIER.

C'est à deux pas, je reviens tout de suite.

(Il sort.)

ROBERT.

Songez, les amis, qu'il faut s'en donner toute la nuit. Je veux voir la tante Rabillot marcher à tâtons, les témoins aller de côté; enfin je veux voir tout le monde dans les vignes.

SAVIN.

Moi, je veux donner l'exemple; j'ai dix ans de service.

MADAME RABILLOT.

Monsieur Savin, j'espère bien que vous vous griserez tout seul.

JULIE, lui frappant sur l'épaule.

Est-il mauvais sujet aujourd'hui!

ROBERT.

Allons, allons, à table; nous boirons aux mariés présents, passés et futurs...

AIR: L'or est une chimère (ROBERT-LE-DIABLE).

Un jour de noce a des charmes
Pour le pompier sans chagrin;
C'est là qu'il présent' les armes
A tous les flacons de vin.

SAVIN.
Tu me verras pompette,
Car je ne suis pas un boudeur.

ROBERT.
Je veux voir en goguette
Les témoins et la fill' d'honneur.

TOUS.
Un jour de noce a des charmes, etc., etc.

MADAME RABILLOT.
Allez toujours, je vas vous suivre...
(Ils entrent dans la chambre à gauche.)

SCÈNE IX.
Mme RABILLOT, seule.

Ah! mon Dieu, mon Dieu, que je suis donc contente! les v'là mariés... il n'y a plus à revenir là-dessus... Pendant toute la messe, je ne tenais pas sur ma chaise, je craignais toujours queuqu'anicroche... Robert ne quittait pas des yeux Denise, qui baissait les siens pour ne voir personne et se donner une contenance; la pauvre enfant faisait contre fortune bon cœur... mais la v'là madame Robert, et dans huit jours j'espère bien qu'elle ne pensera plus qu'à son mari. — Ils sont tous à table à présent... (Elle regarde à la cantonade.) Oui, v'là les fourchettes qui travaillent... J'ai voulu rester un moment seule pour faire une surprise; ne perdons pas un instant, mettons le portefeuille et les dix mille francs dans le biscuit de Savoie que j'ai préparé à c' matin, et au dessert je leur dirai : « Mes enfants, v'là votre dot, tâtez-moi de cette pâtisserie-là, et prenez garde d'avaler les billets de banque. » (Pendant ce monologue elle va prendre un biscuit dans un cabinet et vient mettre le portefeuille dedans, en levant le dessus du biscuit qui a la forme d'un turban.) Je crois que je ne pouvais pas leur présenter le magot d'une façon plus convenable... Robert va-t-y ouvrir de grands yeux !... il va m'appeler encore la mère aux écus.

FRANÇOIS, en dehors.
Je vous dis, moi, que j'ai apporté un panier de dix bouteilles.

LE POMPIER.
Allons, allons, marche toujours.
(Ils entrent par la droite.)

SCÈNE X.
Mme RABILLOT, FRANÇOIS, LE POMPIER.

MADAME RABILLOT.
Qu'est-ce que vous avez donc à crier comme ça?

FRANÇOIS.
C'est un guet-apens, c'est un vol à main armée; tenez, je vous en fais juge, madame Rabillot : on veut me rendre responsable de l'enlèvement d'un panier de vin de Champagne que j'ai apporté ici... que j'avais placé là; il me semble le voir encore, et qu'un sorcier, un lutin ou un pompier, a fait disparaître sans me prévenir.

LE POMPIER.
Ne fais donc pas le plaisant, tu rêves tout éveillé.

FRANÇOIS.
Mais quand je vous dis...

MADAME RABILLOT.
Ça me semble bien fort; car, enfin, dix bouteilles de vin de Champagne ne disparaissent pas comme une muscade.

LE POMPIER.
Allons, donne-moi celles-là; tu régleras plus tard tes comptes avec le marié.
(Il lui prend le panier des mains.)

MADAME RABILLOT.
C'est ça; tu reviendras tantôt, François; et, en sortant, ferme bien ta porte, entends-tu, mon garçon?
(Madame Rabillot et le pompier entrent dans la chambre à gauche.)

SCÈNE XI.
FRANÇOIS, seul.

Non, non, non, je ne rêve pas; ça fait vingt bouteilles, comptez là-dessus... et vous les paierez, entendez-vous... Du champagne excellent, du champagne qu'on leur donne pour quatre francs, et qu'on leur vendrait par-tout... trois livres dix sous !... — Je n'ai pas envie de vous abreuver à mes dépens, entendez-vous?

SAVIN, dans la chambre à gauche.
Ah! il a la jarretière! v'là la jarretière!

PLUSIEURS VOIX.
V'là la jarretière!... vive la mariée!

FRANÇOIS.
Prenez la jarretière tant que vous voudrez, mais ne me prenez pas mon vin.

PLUSIEURS VOIX.
A la santé de Denise!

FRANÇOIS.
Je gagerais que v'là mes dix premières bouteilles qui filent; ils les boivent sans doute en se moquant de moi. Si je pouvais entendre ce qu'ils disent!... (Il va écouter. — On rit bien fort en dehors.) Riez, riez, votre tour est arrivé, mais le mien reviendra peut-être. Je voudrais pouvoir leur jeter un sort... Si j'étais fée seulement pour dix minutes, comme je leur donnerais à tous un fameux coup de ma baguette!

Air du vaudeville de l'Étude.

J' voudrais rendr' le marié maussade
Et tous les convives bien laids;
J' mettrais du sucr' dans la salade,
J' mettrais du sel sur les beignets;
Du pompier j'enl'v'rais la compagne
Pour rabattre un peu son orgueil,
Et je changerais le champagne
En vin d' Surêne ou d'Argenteuil. (bis.)

Mais v'là qu'on vient par ici; écoutons-les un instant; ils parleront peut-être de mon champagne... Oui, entrons là.
(Il entre dans un des cabinets de l'alcôve.)

SCÈNE XII.

FRANÇOIS, caché; Mᵐᵉ RABILLOT, DENISE.

DENISE.

Laissez-moi, je vous en prie, ma bonne tante; le bal va bientôt commencer; je sens que je n'ai pas le cœur à la danse.

MADAME RABILLOT.

Denise, mon enfant, voyons, un peu de courage; cache tes larmes à tous nos amis, à Robert sur-tout.

DENISE.

Oh! oui, car il serait bien malheureux.

MADAME RABILLOT.

Sais-tu bien que tu n'es pas raisonnable?... Pourquoi te désoler ainsi?... Personne ne t'a forcée à faire ce mariage; tu pouvais encore attendre.

DENISE.

Ce mariage, je le desirais; je voulais éloigner des idées qui se présentaient sans cesse à mon imagination, qui me persécutaient; je croyais que j'aurais le courage de la résignation; mais ma tête se perd, et le désespoir est dans mon cœur.

FRANÇOIS, à part, regardant par l'œil-de-bœuf.

En voici bien d'une autre! qu'est-ce que j'apprends là?

MADAME RABILLOT.

Tu te donnes des tourments pour rien, ma fille; tu penses encore à un homme qui t'a oubliée depuis bien long-temps, c'est sûr.

DENISE.

Non, ma tante, non; il ne m'a pas oubliée, il ne m'oubliera jamais; j'ai cru d'abord, comme vous, qu'il voulait me tromper, comme tant d'autres pauvres filles que l'on cherche à séduire et que l'on abandonne après; mais lui, ses intentions étaient pures, il me l'a dit cent fois; j'aurais dû le croire; il m'aimait véritablement, et il m'aurait rendue la plus heureuse des femmes!

MADAME RABILLOT.

C'est possible; je ne dis pas non, je ne dis pas oui; mais aujourd'hui, ce n'est plus ça, tu appartiens à un autre, et heureusement, pour nous et pour toi, que tu ne reverras jamais M. Arthur.

DENISE.

Je l'ai vu.

MADAME RABILLOT.

Tu l'as vu! quand ça?

DENISE.

Tout-à-l'heure.

MADAME RABILLOT.

Tout-à-l'heure!

DENISE.

A l'église.

MADAME RABILLOT.

A l'église!... Ah! qu'est-ce que tu me dis là?

DENISE.

Il était à dix pas de moi, caché derrière un pilier... il ne me quittait pas des yeux... Ah! ma bonne tante, vous ne pouvez savoir tout ce que j'ai eu à souffrir pendant une heure entière...

MADAME RABILLOT.

Il est à Paris; il était à l'église, et son oncle qui le croit encore en Angleterre!... Ah! si Robert l'avait aperçu, grand Dieu!

DENISE.

J'étais perdue!

MADAME RABILLOT.

Je ne m'étonne plus à présent si, au retour de la paroisse, je te trouvais le visage tout pâle.

DENISE.

J'ai cru un moment qu'il nous suivait; je m'imaginais à chaque instant qu'il allait se présenter devant moi.

MADAME RABILLOT.

Qu'est-ce que tout cela va devenir, mon enfant?... Je tremble qu'il cherche à te voir, à te parler... tu comprends, ma fille; v'là pourtant les suites d'une première imprudence.

DENISE.

Ah! ne m'en parlez pas, ma tante, vos reproches me tueraient.

MADAME RABILLOT.

Je n'en reviens pas encore; nous suivre à la paroisse; se placer là, auprès de nous, pendant la cérémonie; mais c'est donc un démon que cet homme-là!

DENISE.

AIR: Ah! laissez-moi mourir! (Du PRÉ-AUX-CLERCS.

Je le vois à l'église,
Les yeux fixés sur moi;
Il contemple Denise
Qui va donner sa foi;
Son cœur bat, il soupire,
Je ressens son tourment;
Ses yeux semblent me dire:
Ne fais pas de serment. (*bis.*).

(Après ce couplet, on entend une musique bien vive en dehors, qui exécute une contre-danse.)

MADAME RABILLOT.

Tiens, ma fille, entends-tu? v'là qu'ils dansent, v'là le bal bien en train... Prends donc un air de circonstance... Robert va venir te chercher; tu es pâle comme une morte... regarde-toi dans la glace.

DENISE.

Je ne suis plus jolie, ma tante... Que m'importe à présent! je ne veux plaire à personne... J'étais si bien à ce bal!... Vous en souvenez-vous?... C'est que j'étais si heureuse!

MADAME RABILLOT.

Allons, allons, éloignons tous ces souvenirs-là.

FRANÇOIS, à l'œil-de-bœuf.

J'espère que me voilà dans un fameux secret.

PLUSIEURS VOIX, en dehors.

Où est donc la mariée?

MADAME RABILLOT.

Tais-toi, v'là notre monde qui te cherche.

FRANÇOIS, à part.

Oh! v'là les autres, je ne risque rien de bien me cacher.

SCÈNE XIII.

Les Mêmes, ROBERT, JULIE, PLUSIEURS JEUNES FILLES.

(Julie porte une bougie allumée qu'elle place sur la table.)

ROBERT.

Comment, Denise, tu ne viens pas danser! la mariée, qui devrait donner l'exemple, n'est pas encore en place! Qu'est-ce que vous faites donc là toutes les deux?

MADAME RABILLOT.

Écoutez, Robert; Denise se sent fatiguée; elle n'est pas dans son assiette ordinaire; c'te chère enfant; si vous m'en croyez, vous ne la ferez pas danser.

LES JEUNES FILLES.

Tu ne peux pas danser?... ah! c'est dommage!

DENISE.

Mes bonnes amies, je sens que j'ai besoin de repos.

ROBERT.

Eh bien! oui, repose-toi, j'y consens; et, comme il n'y a pas de bonne fête sans lendemain, j'espère bien que demain tu prendras ta revanche, car je sais que tu aimes à danser.

SCÈNE XIV.

Les Mêmes, SAVIN, et TOUS LES INVITÉS.

SAVIN ET TOUS LES HOMMES, se présentant à la porte; ils ont tous des bouts de la jarretière à leurs boutonnières.

La mariée! la mariée! il nous faut la mariée!

JULIE ET LES JEUNES FILLES, s'opposant à leur passage.

On ne passe pas, on ne passe pas... Les hommes n'entrent pas ici.

MADAME RABILLOT.

Vous la verrez demain matin, la mariée.

ROBERT.

Retournez à la danse, mes amis; ma petite femme va prendre un peu de repos.

SAVIN.

Et tu restes là, toi?

ROBERT.

Moi, c'est différent.

JULIE.

Monsieur Robert, vous ne pouvez pas rester non plus; il ne doit y avoir que des femmes ici.

ROBERT.

Qu'est-ce que cela veut dire?

JULIE.

Dans un instant, je ne dis pas; vous pourrez revenir.

TOUS LES HOMMES.

Il faut l'emmener avec nous, il faut l'emmener avec nous.

(Ils prennent Robert et l'emmènent.)

ROBERT.

Je me laisse faire... mais sois tranquille, ma petite femme, je m'en vas bientôt revenir au poste.

(Robert et Savin sortent avec tous les hommes; Julie tire le verrou.)

SCÈNE XV.

Mme RABILLOT, DENISE, JULIE, LES JEUNES FILLES; et FRANÇOIS, dans le cabinet.

FRANÇOIS, à l'œil-de-bœuf.

Me v'là pourtant seul avec des femmes, vous allez voir que je ne pourrai plus sortir de là.

JULIE, à Denise.

Maintenant, ma chère amie, nous allons, suivant l'usage, nous partager ton bouquet de fleurs d'orange.

MADAME RABILLOT.

Mesdemoiselles, le partage du bouquet me regarde; vous allez en avoir chacune votre part.

(Ici Julie ôte le voile et le petit fichu de Denise, tandis que madame Rabillot s'occupe du bouquet.)

DENISE.

Julie, promets-moi, demain matin, de venir de bonne heure frapper à cette porte.

(Elle montre la porte d'entrée.)

JULIE.

De bonne heure?

DENISE.

Oui, au point du jour.

JULIE.

Au point du jour, y penses-tu? Je ne viendrai pas avant huit heures, je t'en préviens; et encore je suis bien sûre que ton mari ne me laissera pas entrer.

MADAME RABILLOT.

T'as raison, Julie! Tenez, mesdemoiselles, v'là chacune votre fleur d'orange.

LES JEUNES FILLES, mettant les fleurs à leurs côtés.

Merci, merci, madame Rabillot.

ROBERT, frappant à la porte.

Eh bien! puis-je entrer à présent?

JULIE.

Encore un instant, monsieur.

ROBERT, frappant toujours.

Ouvre-moi donc la porte, ma petite femme; ne me fais pas languir.

JULIE.

Ah! mon Dieu, soyez tranquille, on ne vous l'enlèvera pas, votre petite femme... Est-il impatient... l'est-il, hein?

CHŒUR DE JEUNES FILLES et JULIE.

AIR : Travaillons, mesdemoiselles (de LA FIANCÉE).

Voici donc l'instant suprême
Où, pour prix de son ardeur

Paris. — Imprimerie de DUBUISSON et Cie, rue Coq-Héron, 5.

www.ingramcontent.com/pod-product-compliance
Lightning Source LLC
Chambersburg PA
CBHW060559050426
42451CB00011B/1982